本书获得唐仲英基金会"仲英青年学者"计划项目资助

信息管理
学科竞争力与结构改革

Discipline Competitiveness and Structural Reform of
Information Management

陶 俊◎著

中国社会科学出版社

图书在版编目（CIP）数据

信息管理学科竞争力与结构改革/陶俊著 . —北京：中国社会科学出版社，
2019.5
ISBN 978 – 7 – 5203 – 4023 – 6

Ⅰ.①信… Ⅱ.①陶… Ⅲ.①图书情报工作—信息管理—研究 Ⅳ.①G250

中国版本图书馆 CIP 数据核字（2019）第 018670 号

出 版 人	赵剑英
责任编辑	马　明
责任校对	王福仓
责任印制	王　超

出　　版	中国社会科学出版社
社　　址	北京鼓楼西大街甲 158 号
邮　　编	100720
网　　址	http://www.csspw.cn
发 行 部	010 – 84083685
门 市 部	010 – 84029450
经　　销	新华书店及其他书店

印　　刷	北京明恒达印务有限公司
装　　订	廊坊市广阳区广增装订厂
版　　次	2019 年 5 月第 1 版
印　　次	2019 年 5 月第 1 次印刷

开　　本	710×1000　1/16
印　　张	14.5
插　　页	2
字　　数	188 千字
定　　价	59.00 元

前　言

本书是一项旨在探索图书情报与档案管理（简称"图情档"，下同）学科结构制约整体学科竞争力可能途径的研究成果。在我们看来，图情档学科竞争力应该包括两个层面：一是图情档各子学科（图书馆学、情报学、档案学）内部的学科竞争力；二是图情档学科整体的竞争力。尽管图情档一级学科合并成立已达 20 年，但在学科内部却长期处于分治发展状态，传统观点多围绕三大学科内部来刻画学科结构进而强调各自竞争力，而忽略了图情档学科整体的竞争力。我们认为，正是这种忽略，使得人们在图情档学科整体竞争力的认识方面受到了限制，也使得人们难以回答现实中诸多现象和困境产生的内在原因。在高等教育进入内涵建设并过渡到以一级学科为平台建设的背景下，探究图情档学科整体竞争力的重要性不言而喻。本书的意图就是科学界定学科竞争力的内涵，探索现有学科结构如何制约图情档整体竞争力的可能途径，为诸多学科现象和长期发展悖论提供逻辑一致的解释，从而拓展人们的认识，并且纠正长期以来图情档教育改革过程中存在的一些认识误区。

本书的主旨在于回答"图情档学科结构如何损害整体学科竞争

力"这一问题。为了达到这一目标，本书基于事实观察梳理出图情档现有学科结构损害整体竞争力的五条路径：

第一，在市场经济催生高等教育变革时代背景下，高校人才培养由计划经济时代的岗位订单式培养迈向市场经济时代的双向选择发展，专业教育提出了"宽口径、厚基础"的改革要求，但图书馆学和档案学专业各自分割定位（进入 21 世纪以来，少数东中部院校在市场压力下率先探索将二者合并形成信息资源管理专业得以发展）并维持传统单一课程体系进而不适应上述教育环境的变化，情报学则与管理信息系统等学科专业合并诞生了"信息管理与信息系统"这一新专业进而适应了时代环境，在专业竞争力上呈现出"图书馆学＜档案学＜信息资源管理＜信息管理与信息系统"不平衡发展的局面。

第二，基于分割发展这一前提，情报学依托"信息管理与信息系统"专业逐渐摆脱具体实践机构土壤——情报所的依赖，通过大力引进经济学、计算机科学、离散数学、信息系统分析与设计等课程体系优化学科结构和师资队伍，其研究主题内容的科学化程度和开放程度在三大学科中最高，跨学科人才背景更强；而图书馆学和档案学通过维持固有专业定位，仍然按照传统计划经济背景下的课程体系发展并与职业群体一起开展学术交流，学科发展的职业依赖性强、研究的科学化程度和主题开放程度较低。

第三，伴随计算机在图书馆文献信息工作中的应用，图书馆传统文献组织与查找工作在信息时代面临边缘化，以印本文献组织与管理的图情档学科在信息时代背景下已过渡到以数字资源为主体的管理时代，图书馆文献组织与检索课程体系和研究内容面临根本转型，伴随着数字处理技术的成熟，加速了原有课程体系的老化，图书馆学竞争力日益低下。

第四，专业与未来职业相连。职业地位更高、职业覆盖面更广的关联性专业更具市场竞争力。基于文献工作的图书馆、档案等的职业覆盖面较窄且职业地位不高，基于大学声望关联模型，上述职业声望不足内在影响了图档专业的报考进而制约相应学科的整体发展，而且基于声望的关联传导机制潜在拖累了信息管理与信息系统等相关专业的发展。

第五，理论分析表明，"理论性—核心领域—规模性—开放性"等指标有利于提高整体学科竞争力，但基于高被引论文样本的实证研究发现，图情档一级学科中图书馆学的引文规模最大，其学科属性在一定程度上对外代言了图情档整体学科声望，而图书馆学主题的职业实践性更强，其在图情档学科中仅有规模竞争力而在科学规范、核心领域主题和学科开放性程度等内涵竞争力方面较为缺失。相反，上述内涵竞争力所体现的指标在情报学科中更为突出。

上述系列研究表明，学科结构在图情档整体学科竞争力中扮演了极其重要的角色。一方面，图书馆学在图情档三大学科中居于学科首位，但其专业竞争力和内涵品质却不突出；情报学专业竞争力（信息管理与信息系统）和内涵竞争力更具比较优势，却因首位度不够，总体影响力十分有限；另一方面，图情档分割发展的思路，使得专业竞争力和学术竞争力均难以适应高等教育内涵建设的要求。现有体制使得图书馆学从总体上对内限制了自身的发展，对外在很大程度上影响甚至代言了图情档整个学科。换言之，图书馆学的职业主体属性、图书馆文献工作的高度成熟、职业声望的不足、专业高度依托单一职业机构等从根本上限制了其在高等教育中的发展，上述因素进一步制约了学科队伍建设、教育发展规模、专业改革和研究质量，进而从实质上损害了信息管理学科群的整体竞争力。就此而言，我们的政策含义非常鲜明，要想破解现有学科发展困境并适应学科的内外部环境就必须坚定不移地实施学科结构改革，通过结构调整和学科整合带动整体竞争力的提升。

全书共分为 8 章，第一章和第八章分别是导论和结论，第二—七章是全书主体部分。其中，二、三、七章属于理论篇，四、五、六章属于实证篇，每章包含一个核心问题和明确目标，属于一项完整的独立研究；但相对全书而言，各章又与其他章节紧密联系且逐层递进。有关各章的内容提要见第一章。本书的创新主要表现在：

第一，理论创新。（1）概念创新。本书基于跨学科理论界定并提出了"学术竞争力"的概念；基于声望理论提出了"声望拖累"的概念；基于学术规范和研究目标差异提出了"体裁"的概念；基于学科结构提出了"学科首位度"的概念。（2）模型创新。本书提出了"理论性—核心领域—规模性—开放性"的学科竞争力一般分析框架；基于学术竞争力的概念提出了"资源—效率—价值—地位"的学术竞争力模型；基于声望理论构建并论证了"大学声望关联模型"和"图书馆学声望传导效应模型"。以上内容集中了本书在理论层面的贡献，具有一定的创新性。

第二，方法创新。（1）基于高被引抽样的内容分析法应用于图情档学科的竞争力。传统研究更多从理论分析层面开展有关图情档学科竞争力的论证，运用期刊论文抽样的方法探索各自特定学科的学科结构，但本书则将高被引论文的期刊抽样应用于图情档学科整体竞争力的实证检验，试图将理论与实证检验有机统一起来，并系统阐述高被引论文抽样应用于上述学术问题的适用性。（2）图书馆技术史应用于图书馆学的竞争力。本书将图书馆文献工作技术史与图书馆学竞争力的研究结合起来力图论证图书馆文献组织与检索工作近 70 年的历史演化，探索上述变化对图书馆学教育和信息管理学科群造成的重要影响。

第三，视角创新。本书通过系统文献综述充分吸纳学界对图情档学科竞争力的重要争鸣并将上述争鸣结合各章主题有机统一起来，提炼并刻画了"信息资源观—信息需求观—图情档教育观"，"职业论—方法论—结构论"，"引用与品质"等，系统梳理了学界对图情档学科竞争力相关研究的代表理论成果和重要观点，从而形成更新的研究视角，这些视角包括从学科的内外部环境、职业声望等与学科竞争力关键指标、体裁与学术竞争力、基于结构的引用与品质等维度对图情档学科竞争力进行立体透视。

本书相关研究工作得到了唐仲英基金会和西北大学"仲英青年学者"计划项目、陕西省教育厅科研计划项目（2013JK0442）（16JK1720）的资助。

目　录

第 一 章

导　论

◇ 第一节　选题背景与问题的提出

我们之所以选择这一题目加以研究，有两个方面的考虑：第一，从现实来看，高等教育正在步入内涵式发展的新阶段，这一教育使命的背景在于，我国社会经济正在由传统经济的规模化追赶发展向内涵式引领转型，国家对高等教育人才培养质量和学术创新体系均提出了新要求，探索适应内涵式发展的教育质量评估体系和学术评价体系的一系列政策正在逐步铺开。在这一背景下，图书情报与档案管理（简称"图情档"，下同）学科作为高等教育体系的一部分，其学科发展也将受到上述外部环境的约束。从专业招生来看，图情档学科长期受到图书、档案招生的调剂发展困境，高等教育在历经 20 年的大类招生后，正在过渡到按照专业招生①，传统依赖调剂发展的模式在市场经济背景下稳步放权给社会——依靠大类招生和调剂发展的政策红利面临消失；同时，伴随着"双一流"建设和科技创新体制改革的推

————————

① 部分高校进一步加强大类招生，如北京大学、南京大学按照学部制和学科大类招生，如社会科学部、社会科学试验班。鼓励学生在其中自由选择专业，加强专业竞争。

进，以培养高素质创新人才为使命的研究生教育也面临着由规模扩张向注重质量与效益转型。与专业规模困境相同的是，图情档学科研究生的培养规模以及社会影响在整个管理学科门类中也是较低的，基于学科规范的论文质量在管理学科大类中总体不高。在这一过程中，尽管一小部分高校在学科内部的纵向比较中成绩异常抢眼，但另一方面，大多数图情档学科院校均面临规模化不足、各类办学资源严重受限的现实困境。传统观点认为，学科竞争只会存在学科内部，而不会存在学科间的横向比较。但是，伴随着"双一流"战略促进学科间开放竞争导致图情档学科教育规模的持续降低，这一观点正在受到多重挑战。以上这些现象使得人们对于图情档学科竞争力的问题存有各种困惑，对图情档学科竞争力的研究再次引起了越来越多学者的关注。一些学者提出种种疑问：图情档学科发展困境到底是个案还是趋势？为什么一些改革不仅没有使学科向好发展反而加剧了学科的生存危机？在图情档学科整体规模极为有限的背景下，为什么大多数图情档院校难以像极少数图情档院校那样实现规模化扩张呢？更进一步，我们究竟应当如何对学科发展中出现的种种悖论做出解释？第二，从理论发展来看，我们认为，尽管理论工作者围绕图情档学科竞争力的研究已经做了较为丰富的探索，包括早期的图情学科科学化之争、理论与实践脱节的争鸣、近十年来的研究方法与科学问题的理论探索、iSchool运动与学科整合构想、图情档各自学科的内部计量、引用与竞争力的关联等；但是，伴随时代发展的演进，已有的研究远不足以回答现实中面临的发展困境，相关的认识依然需要进一步推进。通过梳理图情档学科竞争力的文献，我们发现，迄今为止图情档学科竞争力不足的争论不同程度地忽视了学科结构对图情档整体学科可持续发展的制约，而将更多的关注点放在图情档某一个子学科内部（图书馆学、情报学、档案学）的文献计量和理论争鸣上。这使得人们对图情档学科竞争力不足的认识受到很大限制。而突破这种限制，从更为全面的视角来认识图情档学科整体竞争力是摆在学者面前的一大重任。

与此相关的是，我们应当如何理解图情档学科发展过程中的各类现象？比如，在专业教育层面，伴随着时代的演进，更新的课程体系出现导致原有的课程体系加速老化，而图书馆学和档案学也在努力融入一些新的课程，但为什么上述本科专业却一直不受学生欢迎？在研究层面，为什么学科存在大量的概念炒作现象？为什么是 Web2.0、云计算、学科服务等概念型和职业工作论文更加受到业内同行的关注甚至欢迎而不是信息组织、检索与文献计量学等核心主题的研究？从学科间的横向比较来看，一方面，图书馆学在图情档一级学科中的学科名称显示度位居首位，其在三大学科内部的引文排名最高，对外学术影响力处于图情档整个学科的核心位置，似乎竞争力更强；另一方面，情报学在图情档整个学科中最受学生欢迎，情报学的研究主题更加多元开放，相关期刊的学科规范相较图书馆学和档案学更高，整体竞争力似乎更优；与此同时，档案学在与图书馆学的招生比较中较图书馆学明显更为抢眼，档案学似乎属于图情档这一冷门学科中的热门专业。不禁要问，到底哪一个学科竞争力更强？我们该如何客观衡量竞争力的大小？图情档学科的引用到底反映的是论文品质、学科规模、受欢迎程度还是学科影响力的大小？它们和整体竞争力之间又存在怎样的内在关联？

就此而言，本书的意图有两个：第一，本书试图从学科内外部环境、声望视角、整合视角和高被引的主题结构及其引用行为视角等丰富图情档学科竞争力的内涵，探索现有学科结构制约图情档学科整体竞争力的可能途径，从而拓展人们的认识，为现实中诸多的学科悖论提供一个逻辑一致的解释;[①] 第二，在此基础上，通过图情档期刊高被引论文样本的理论和实证分析，我们试图回答现实中长期困扰人们的难题，比如，学科传承与改名的关系，学科发展的内外部环境对学科影响的关系，学术规范与社会效应的关系，理论贡献与实践创新的关系，引用、品质与影响力的关系，并且纠正一些认识上存在的误区。

从事实的角度考察，图情档学科竞争力应该包含两个层面：一是图情档学科各分支内部的学科竞争力；二是图情档学科整体的竞争力。尽管图情档一级学科合并成立已达 20 年，但却长期处于分治发展状态，其专业、期刊、会议和师资队伍等相对独立，尤以图书情报学科和档案学科的分割最为明显。传统观点多围绕三大学科内部来刻画学科结构进而强调各自竞争力，而忽略了图情档整体竞争力。本书认为，正是这种忽略，使得人们在图情档学科整体竞争力的认识方面受到了限制，也使得人们难以回答现实中诸多现象和困境产生的原因。在高等教育逐步强调一级学科整体竞争力和人才培养质量的背景下，学科分割亟须向学科整合过渡以实现整体竞争力的提升，而由学科分割过渡到考察整体竞争力，就存在学科结构问题。

结构是指某一整体中的各部分相互联系的方式,[②] 学科结构就是指图情档学科整体中各要素相互关联的方式或某一局部要素占有整体要素的比重。学科要素从不同的维度来看涉及多方面的内容，包括不同学科的课程、论文和师生等。以论文为例，包括学科队伍、论文主题、论文引用、理论研究与职业实践等多个维度。因此，本书的学科

---

① 毕强：《悖论的价值：关于我国图书馆学教育的思辨》，《图书情报工作》2011 年第 15 期。

② ［美］戴维·波普诺：《社会学》，李强译，中国人民大学出版社 2007 年版，第 107 页。

结构具有队伍结构、主题结构、期刊结构、引用结构、职业/学术结构等多重含义。但是，从最为主要的层面来看，其包含两个层面：

第一，从图情档整体来看，学科结构包含图书馆学、情报学和档案学等各自学科在整个一级学科中的规模和影响力比重。就理论而言，三大学科竞争力之和能够反映图情档学科整体竞争力，但实际上，学科合并与企业重组一样，并不是简单的 1＋1＋1＝3。在学科分治的背景下更多表现为哪一个学科影响力最大进而对图情档整个学科对外造成根本影响，因此，抓住影响力最大的学科从更本质层面开展研究十分重要。实证研究表明，图书馆学论文产量和引文规模在图情档三大学科中居首，因此，图书馆学的学科性质在整个一级学科中处于支配地位。正因如此，一方面从图情档学科总体层面了解图情档各学科的比重及其竞争力十分重要，另一方面重点围绕图书馆学竞争力开展深入研究是刻画图情档整体竞争力的核心。

第二，从学科内部主题来看，学科结构又可分为职业结构和学术结构。期刊论文目的是以解决具体职业实践等现实问题为目的还是以提升科学素养为准绳，强调科学规范并以追求理论方法创新为使命是反映学科结构的重要方面。如果论文以更为普适性的主题为核心同时强调科学素质活动为基础，则其结构为学术结构，反之则为职业结构。高被引论文的实证研究表明，图书馆学研究在图情档学科中处于支配地位，其学科结构从某种程度上对外代言了图书情报档案学科。因此，围绕职业结构还是学术结构的争论对图情档三大学科论文进行实证检验是刻画图情档学科竞争力的关键所在。

从大的方面来看，中国图情档教育改革就是由计划经济时代办学向市场经济时代的高等教育转变，从数量扩张向内涵式发展转变，而从学科整体竞争力来看要实现上述转变最重要的就是学科结构的转变，具体而言，就是通过一系列体制改革由贴近特定职业实践的职业发展为主向面向多元实践的科学化发展为主转变，通过结构调整和学科整合实现整体竞争力的提升。实践观察和文献研究显示，相比于管理学其他学科，基于职业结构的图情档学科竞争力是低下的。

图情档学科的职业结构属性不仅体现在它隶属于管理学这一应用学科层次，课程体系围绕职业实践展开，而且还体现在依托于单一的图书馆和档案实践部门发展。20 世纪 90 年代中后期以来，管理学通过学科整合和高等教育体制改革逐步脱离具体实践的依赖走向科学化，课程体系上大力引入管理运筹学、系统工程、西方经济学等现代科学课程体系，科学研究上采用规范的研究方法并试图做出理论贡献，已经由职业应用学科实现了向科学化转变的现代化学科发展历程。工商管理、公共管理、管理科学与工程等一批一级学科的成立使得上述学科通过规范化的体制和多元交流在 21 世纪得到快速规模化发展。《管理科学学报》《南开管理评论》《公共管理学报》等一批以发表严肃的管理学论文为主的学术期刊在世纪之交得以产生。然而，图情档学科在这一历史进程中处于蹒跚发展期，由于学科的固有职业属性定位和市场口碑严重不足，不仅没有像其他学科那样吸引更多院校成立新的图情档一级学科，反而已有的一些老牌图情档院校相继走上了或停办本科专业，或改革图书馆学和档案学专业举办信息资源管理专业的道路，图情档学科内部越来越体现出两极分化状态。伴随着经济基础壮大促进文化事业蓬勃发展，各类图书馆和档案馆在新时代飞速发展，馆员队伍越来越壮大，馆员队伍勤奋耕耘为图情档学科的学术规模化发展贡献了新鲜的血液，一定程度上促进了图情档学科的学术繁荣和多元交流。但是，从高等教育使命的角度来看，馆员队伍的规模化并未从根本上改变图情档遭遇内在困境这一尴尬局面，从学科结构角度来看，面向实践工作的论文在促进职业化发展的同时加剧了学科结构的失衡。

由于对职业使命和学术使命认识的争鸣难以形成共识，以瞄准实践工作为主的职业工作论文和以学术理论创新的规范学术论文混为一体发展，在馆员快速壮大的同时，图情档学科的主题结构、引文规模等更趋于职业化。以学科显示度最强的图书馆学为例，在缺乏统一认识的背景下，无论是图书馆职业工作者还是研究者均以应用实践展开，图书馆学科的职业实践属性较为明显。如前所述，图书馆学因在图情档一级学科中的首位度最高进而某种程度上对外代言了图情档一级学科，[①] 评价图情档学科竞争力更多时候容易窄化为图书馆学科竞争力。从这一角度看，深入考察图书馆学专业发展危机、学术竞争力大小等不仅是破解图书馆学困境的源泉，更是提升图情档整体学科竞争力的关键所在。因此，要想理解上述种种现象，就必须从图情档整体学科结构入手，而重中之重又在于深入理解图书馆学的学科结构。[②]

与国外情报学科的制度安排不同，我国"图书情报与档案管理"作为管理学科下属的一个一级学科，包含图书馆学、情报学和档案学三个二级学科。因此，有关图情档整体竞争力及其结构改革具有鲜明的中国特色。既有文献主要集中探究了图书馆学、情报学和档案学各

---

① 首位度是发展经济学中的一个概念，用于刻画最大城市所拥有的城市发展要素的集中程度。本书用以刻画图书馆学作为"图书情报与档案管理"一级学科中的首位学科，其占有的结构比重以及由此形成的社会影响。相关学科首位度的术语介绍见本章第三节。

② 由于图书馆学和情报学在内容上存在交叉之处，相应的图书馆学和情报学期刊融为一体。因此，从整体上刻画图书情报学期刊并挖掘图书馆学的学科结构特征是实现这一目标的基本手段。

自的竞争力及其学科结构，包括结合国内外实践提出教育改革对策。主要包括以下四个方面：第一，从理论上探讨影响或提升图情档各自学科竞争力的有关对策，其中尤以图书馆学的研究最为突出，[①] 包括学科名称命名的科学性、理论与实践相脱节的争鸣等；第二，结合国内外实践探索图书馆学、情报学教育改革的有关思路，包括对国外 iSchool 运动的研究；[②] 第三，运用文献计量学、本体与可视化方法

[①] 肖希明：《图书馆学教育要以增强学生职业竞争力为导向》，《国家图书馆学刊》2007 年第 1 期；于良芝：《图书馆学教育呼唤战略思维》，《图书与情报》2006 年第 4 期；程焕文：《近年来中国大陆图书馆学教育发展走向的思考》，《图书馆建设》2002 年第 5 期；肖希明：《图书馆学教育的根本出路在于教育体制的改革》，《大学图书馆学报》2004 年第 1 期；金胜勇：《图书馆学专业教育竞争力分析》，《图书馆杂志》2007 年第 7 期；闫慧：《中国大陆图书馆学教育中职业性缺失的环境分析》，《图书与情报》2006 年第 4 期；李阳、孙建军：《中国情报学与情报工作的本土演进：理论命题与话语建构》，《情报学报》2018 年第 6 期；周枫：《论档案学本科毕业生的就业核心竞争力》，《档案与建设》2012 年第 10 期。Vanhouse N. A., Sutton S. A., "The Panda Syndrome: An Ecology of LIS Education", *Journal of Education for Library and Information Science*, Vol. 37, No. 2, Spring 1996, pp. 131 – 147.

[②] 肖希明、李琪、刘巧园：《iSchools "去图书馆化" 的倾向值得警惕》，《图书情报知识》2017 年第 1 期；Roy L., Simons R. N., "Tradition and Transition: The Journey of an iSchool Deep in the Heart of Texas", *DESIDOC Journal of Library & Information Technology*, Vol. 37, No. 1, January 2017, pp. 3 – 8；Golub K., Hansson J., Selden L., "Cult of the I: Organizational Symbolism and Curricula in Three Scandinavian iSchools with Comparisons to Three American", *Journal of Documentation*, Vol. 73, No. 1, January 2017, pp. 48 – 74；Wu D., He D., Jiang J., et al., "The state of iSchool: An Analysis of Academic Research and Graduate Education", *Journal of Information Science*, Vol. 38, No. 1, February 2012, pp. 15 – 36；肖希明、吴钢、刘畅、肖婷：《图书馆学专业教育与图书馆员职业竞争力——来自图书馆馆长的调查与分析》，《图书情报知识》2008 年第 1 期；肖希明、宋琳琳、水亮、彭敏惠：《图书馆学专业教育与图书馆员职业竞争力——来自图书馆员的调查与分析》，《图书情报知识》2008 年第 1 期；肖雪、王子舟：《图书馆学教育改革发展的六个误区》，《图书情报知识》2005 年第 6 期；陈传夫、于媛：《美国 iSchool 的趋势与启示》，《图书情报工作》2007 年第 4 期；叶继元：《iSchools 与学科整合》，《图书情报工作》2007 年第 4 期；唐义、郑燃：《iSchools 运动与学科整合：现状及趋势》，《图书情报知识》2012 年第 6 期。

探索图情档的学科结构，揭示相关的作者、主题和引用情况;[①] 第四，调研国内外图情档的专业课程和师资建设，提出优化课程结构和师资结构的方案。[②] 总体来讲，既有文献的研究侧重于刻画图情档各自的学科结构进而反映不同学科内部的竞争力，而未能从图情档整体竞争力视角出发研究学科结构对整体竞争力的影响，尤其是揭示信息（资源）管理、图书馆学、情报学和档案学各自竞争力与整体竞争力的有机联系;与此同时，从对策角度来看，既有研究侧重于从实践层面开展应用对策建议，而对有关现象和应用对策背后的理论依据缺乏系统论证，包括对图情档学科之间的有关发展悖论进行系统的理论解释较为匮乏，以上缺憾或不足构成了本书深化研究的基础。结合不同研究主题的国内外代表性文献的梳理见后续各章文献综述一节。

本书试图以"信息管理学科竞争力与结构改革研究"为题，通过在理论上构建影响图情档学科竞争力的有关模型，推导出相对普适的结论，然后利用中国社会科学引文索引源刊中有关数据库的高被引数据对理论假说进行检验，力图提供一个新的视角来理解图情档学科竞争力，并得出一些有益的认识。我们认为这一选题具有一定的理论意义:首先，我们利用高等教育学原理构建了影响图情档学科发展的内

---

① 王昊、邓三鸿、苏新宁:《我国图书情报学科知识结构的建立及其演化分析》，《情报学报》2015 年第 2 期;陈必坤、詹长静:《国家基金项目视角下"图书情报与档案管理"学科结构的可视化分析》，《情报杂志》2017 年第 7 期。

② 楼雯、樊宇航、赵星:《流动与融合——我国图书情报与档案管理学科点师资结构研究》，《中国图书馆学报》2017 年第 6 期;闫慧、张钰浩、张鑫灿等:《iSchools 联盟数据科学教育项目现状调查》，《情报资料工作》2018 年第 4 期;肖雪、闫慧、冯湘君等:《数字化时代的图书馆与情报学第一学位课程体系——基于英美的考察》，《图书情报知识》2014 年第 6 期。

外部环境框架，通过分析图情档学科面临的时代环境考察图情档整体学科竞争力存在的不足；其次，我们试图将社会学的声望理论引入信息管理学科竞争力中，试图揭示图书馆学竞争力日益低下如何拖累了图情档整体学科竞争力；不仅如此，我们还将社会分层理论、市场效率理论和资源理论融入竞争力模型中，试图从多元立体视角界定学术竞争力的内涵并探寻学科在既定框架下其竞争力如何不足；再次，我们利用图情档 20 种 CSSCI 源刊的高被引数据刻画并比较图情档的学科结构，试图通过高被引论文的主题数据、期刊比较、引文特征描绘图情档学科结构，并基于该结构进一步揭示体裁、社会效应与学术竞争力的关系，引用、品质与影响力的关系，档案学科结构与竞争力的关系等影响图情档学科竞争力的重要问题；最后，我们从学科整合的角度探索什么样的路径可以促进整体学科竞争力的提升，进而提出可行的政策建议。从现实意义来看，图情档学科在经历了长达 20 年的合并发展之后依然面临着种种困境，是否应该继续深化改革、如何进行改革、从何处破题等依然是图情档教育者、高校莘莘学子和高等教育主管部门共同关心的问题。就高等教育而言，图情档学科竞争力和结构改革是高等教育迈向内涵式发展进程中学科主动谋求深化发展的缩影，不仅理解图情档学科竞争力并着力对学科结构推进改革对于提升信息管理整体学科竞争力和育人质量具有重要意义，而且本书有关的理论模型和方法对于指导其他学科深化高等教育改革研究和实践同样具有重要的现实意义。基于上述认识，本书的理论研究对于图情档深化改革具有一定的指导意义，也为澄清一些长期以来的认识误区提供了启迪。

◇ 第二节　核心概念界定

概念或术语是支撑研究的基石，在准确揭示研究内容或进一步聚焦研究问题等方面具有不可或缺的作用，以下概念或术语将贯穿全书。本节围绕书名对全书频繁涉及的一些重要概念或基本术语做一介绍，以期提供全书研究的理论基础和背景知识，针对各章研究的具体术语界定将在相关章节展开。

信息管理：它是 20 世纪 80 年代伴随计算机应用逐步在管理实践领域兴起的一个概念。20 世纪 70 年代后期以来，全球微型计算机逐步得到发展并于 80 年代在各类社会组织中得到应用，运用计算机实现信息流的控制和管理促进了现代信息管理活动的发展。从图书情报学科发展来看，伴随着图书馆和文献工作向自动化管理发展，美国文献工作学会于 1968 年将会名调整为美国信息科学（Information Science）学会。20 世纪 70 年代以来，美国许多图书情报学科院系将图书馆学系更名为图书馆情报学（Library and Information Science）系并以该名称招生。2003 年，上述图书情报院系进一步推动将名称变更为 Information School（简称 iSchools，信息学院）。在美欧等国家，Information Science，Management Information System（简称：MIS）主体身份是社会科学，与我国"信息科学"主要指代计算机科学不同。我国图书情报界于 20 世纪 80 年代后期提出了"文献信息学""信息管理"等概念，并于 90 年代初在部分学院以上述名称办学。① 我国于 20 世纪 90 年代中期提出了举办宽口径专业的改革号召以适应市场经济对人才培养的要求，信息学、经济信息管理、管理信息系统、农业信息管理、林业信息管理五个专业合并成立"信息管理与信息系统"专业，该专业在本科专业目录中隶属"管理科学与工程"一级学科下。信息管理作为学科和专业术语由此得到广泛传播。北京大学信息管理系、武汉大学信息管理学院相继于 1992 年和 2001 年更名成立。自 1998 年以来，历经 20 年的发展，信息管理已经成为"图书情报与档案管理"学科最重要的概念之一。它既可能泛指一切与信息有关的信息流控制与管理，也可能指信息管理与信息系统专业，还可能指以举办图书情报与档案管理教育为主体的各类信息管理院系。在本书中，我们依据论述的不同情形包含了以上三种可能。本书讨论图书情报与档案管理学科结构制约整体学科竞争力，其不仅包含了图情档学科，同时还包括信息管理与信息系统、信息资源管理等与图情档密切相关的本科专业，侧重于从整体上探索图情档学科结构对信息管理学科群的影响。故书名中的信息管理一方面指代举办图书情报与档案管理教育，包括信息管理与信息系统、信息资源管理相关本科专业的图情档院校；另一方面指代包含图情档学科在内的信息管理学科群。

图书情报与档案管理：简称"图情档"，它是管理学中的一个下属一级学科。1998 年，国家首次增设了"管理学"这一新的学科门类，在该学科门类下设管理科学与工程，工商管理，农林经济管理，公共管理，图书馆、情报与档案管理五个一级学科，图书馆学、情报

---

① 1998 年以前，高校举办专业相对宽松，信息学、科技信息、文献信息管理、信息管理等专业均在不同高校举办。1998 年，国家发布了新的本科专业目录，同时对专业发展强调了规范化办学，只能按照目录内专业办学。

学、档案学作为三个二级学科隶属于该一级学科名下。无论是一级学科名称、还是二级学科名称，图书馆学在图情档学科排名中均居于首位。2011 年，《学位授予和人才培养学科目录（2011）》发布，"图书馆、情报与档案管理"一级学科名称简化为"图书情报与档案管理"，根据国务院学位委员会、教育部印发的《学位授予和人才培养学科目录设置与管理办法》（学位〔2009〕10 号）的规定，《学位授予和人才培养学科目录（2011 年）》仅规定学科门类和一级学科，二级学科目录由各学位授予单位依据国务院学位委员会、教育部发布的学科目录，在一级学科学位授权权限内自主设置。根据教育部印发的《普通高等学校本科专业目录（2012 年）》，"图书情报与档案管理类"在原有"图书馆学""档案学"两个基础本科专业的基础上增加了"信息资源管理"专业这一基础专业，该专业是继 2002 年将"信息资源管理"专业作为"图书档案类"目录外专业后历经 10 年后所做的一次重要修订。根据阳光高考系统 2018 年的招生目录显示，信息资源管理专业办学全国目前增至 16 家，部分高校如南京农业大学在获批"图书情报与档案管理"一级学科博士点后，在博士层次依托"信息资源管理"专业名称并下设若干学科方向对外招生。有关"信息管理"与"图书情报与档案管理"作为一级学科名称的学术争鸣见第二章。

学科竞争力：竞争力是一个抽象的概念，一般意义上指参与者双方或多方的一种角逐或比较而体现出来的综合能力。从学科间比较来看，图情档学科在报考积极性、招生规模、师资力量、学科地位和学术研究的社会影响等横向比较来看，图情档学科在管理学科乃至整个高等教育系统中缺乏竞争力。从学科内部来看，图书馆学、情报学和档案学在专业招生和学术研究上存在着不平衡性。本书基于以上背景通过引入社会学、经济学、管理学和教育学等内容对竞争力的概念进行界定，进一步探究了专业竞争力和学术竞争力。有关的概念界定见第四章。

学科结构：结构是局部占有整体的比重。从图情档整体来看，学科结构包含图书馆学、情报学和档案学等各自学科在整个一级学科的规模和影响力比重。从研究性质来看，学科结构可划分为以职业研究为主体的职业结构和以学术理论研究为主体的学术结构。本书采用高被引论文样本试图从学科竞争力角度出发分析以上两种情形对整体竞争力的影响，就微观内容而言，学科结构包括队伍结构、主题结构、期刊结构、引用结构、职业/学术结构等多重含义。

学科首位度：首位度是发展经济学中的一个概念。1939 年，马克·杰斐逊（M. Jefferson）提出了城市首位律[1]，作为对国家城市规模分布规律的概括。他在实践中发现，一个国家的"首位城市"总要比这个国家的第二位城市大得多。城市首位度主要用于探究首位城市的相对重要性。本书依托这一概念，结合图情档学科结构提出"学科首位度"的概念，用以刻画图情档一级学科下属各分支学科的竞争力以及相应排序。本书试图从学科结构的视角揭示图情档下属各学科的竞争力表现，从提高整体竞争力的角度出发，二级学科的首位学科需要科学设置并占有相对高的比重[2]，以体现该一级学科的总体特色并在职能上能够带动其他二级学科或学科方向的发展。

---

[1]　Jefferson M. The Law of the Primate City, The Geographical Review, Vol. 29, No. 2, April 1939, pp. 226–232.

[2]　根据国务院学位委员会、教育部印发的《学位授予和人才培养学科目录设置与管理办法》（学位〔2009〕10 号）的规定，《学位授予和人才培养学科目录（2011 年）》仅规定学科门类和一级学科，二级学科目录由各学位授予单位依据国务院学位委员会、教育部发布的学科目录，在一级学科学位授权权限内自主设置。

◇ 第三节　研究目标、内容和方法

本书的研究目标是探索图情档学科结构制约图情档学科整体竞争力的可能途径，并在此基础上提炼出问题加以详细研究。从基本的事实观察出发，图情档学科竞争力不足主要表现在多个方面：专业发展方面，图书档案本科招生占全国高校的比重已经降到不足1%，规模化严重不足不仅使得学科社会影响力较低，而且，也潜在影响了师资规模和学术交流体系的发展，使得学科竞争力整体较低；同时，图书馆学、档案学本科招生长期通过调剂政策得以发展，其在与其他专业的市场化竞争中处于明显弱势地位，其社会声誉整体较低。其次，伴随着专业招生越来越市场化，中西部地区依赖调剂发展图档专业的政策红利几近消失，中西部高校也逐步走上了东部高校停办图书馆学专业，改办信息资源管理专业的道路。与此同时，国家于2015年在高校启动"双一流"建设，试图通过新一轮的高等教育改革推进高校走内涵式发展道路。最后，自2013年以来，大数据和人工智能技术推动了新一波的信息技术发展浪潮，原有的信息技术越来越成熟，而新的技术逐步向社会各个领域广泛渗透，以文献为代表的图书档案等实体机构的核心业务已经稳步进入数字化阶段，以印本文献资源管理为核心的课程体系在数字化背景下正在面临加速老化。

学术研究方面，与专业发展的规模化不足不同，图情档学术竞争力不足不是体现在图情档学科人员的整体规模不足，而是以学术使命为核心的科学研究产出和学术人员规模不足。从对图情档学科期刊的抽样来看，学术规范高的科学论文其被引率较低，而以概念炒作和职业研究作为主题的论文则占据了高被引榜单前列。如何解释这种从内容上看竞争力不足而从数量指标上看竞争力较强这一反常现象？图书馆学、情报学和档案学在分割发展的背后是否限制了其整体学科的发展？如何从理论上对分割发展提出竞争力不足的理论洞见需要进一步思考。

从这些基本事实出发，我们在提炼出问题后对此分别加以研究。我们的分析要点在于，围绕图情档学科竞争力不足，其如何通过学科内外部环境、职业实践变化以及理论建设、核心领域、规模型和开放性等关键指标制约了图情档学科整体竞争力，在此基础上，我们进一步基于高被引论文的学科结构差异进行了检验，讨论了体裁、社会效应与学术竞争力的关系，揭示了引用、品质与影响力的内在关联。研究发现，图情档学科竞争力不足不仅在于社会环境、教育环境等外部因素的变化，同时还在于图书馆实践的变化对图书馆学课程和研究等内涵式发展的制约。实证研究表明，图情档学科分割进而导致学科结构失衡限制了图情档整体竞争力，进而从根本上制约了学科的整体发展，使得图情档整体学科建设在理论性、核心领域、规模性和开放性指标上存在严重的竞争缺陷。可将全书的研究内容用图1—1简要概括：

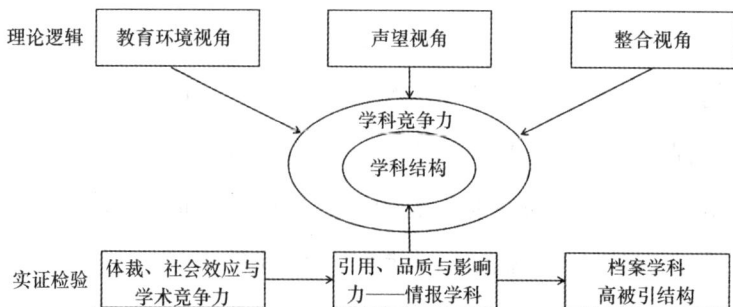

图1—1 研究内容

鉴于以上研究目的，本书综合了多种研究方法。总体上说，我们利用学术史归纳方法抽象研究主题，利用逻辑演绎的方法推理论证，应用实证方法来验证学科结构问题，以解释为目标，以推测为延伸，从提高学科竞争力以期实现可持续发展的角度提出解决方案。其主要体现在如下方面：首先，我们通过图情档学科竞争力的研究和特征事实描述，利用文献归纳法抽象出相关章节的研究主题。例如，从图情档学科教学目标和学科命名的争鸣抽象出教育内外部环境对一级学科发展的影响；再如，从学科整合的历史特征事实刻画，我们提出了基于整合的变革指标模型。其次，我们采取逻辑演绎的方法推理论证。一方面，我们根据已有文献的认识，力图为碎片化的特征性事实勾勒出基于特定主题的逻辑，包括利用图书馆技术史的方法论证图书馆文献组织与检索的影响，并基于上述影响探究图书馆实践变化对职业声望和专业声望的影响；另一方面，我们根据结果的分析对学科结构有关的内容进行逻辑推理，揭示结果事实下更为深刻的内涵。再次，我们利用搜集到的图情档高被引论文数据对竞争力有关的理论假说给予验证，利用内容分析法以及有关模型考察样本数据是否支撑理论假说。最后，从提升学科整体竞争力的角度和社会效益的角度出发，我们根据分析得出的结论，探索采取何种路径可以提高学科整体竞争力，进而提出政策建议。

◇ 第四节　框架安排

本书的框架安排如下：

第一章是导论，阐明选题背景和研究意义，确定内容和研究方法，对本书框架和主要结论加以说明。

第二章至第七章从多个视角讨论本书的核心问题——图情档学科结构如何制约整体学科竞争力。其中，第二章围绕图情档学科的内外部环境如何影响图情档整体学科竞争力这一问题，从图情档学科目标定位出发，结合高等教育学理论"教育要与社会发展相适应"论证了影响图情档学科变革的外部环境和内部因素，深入阐述图情档一级学科定位为什么与社会发展不相适应。为此，提高图情档学科竞争力需要以学科内涵建设为核心重新定位，提出一级学科的新目标是以"信息管理"为中心，同时通过重构学科理论体系并深化师资结构改革来推进学科升级。

第三章从声望视角重点考察图书馆职业实践变化对图书馆学教育和信息管理学科群的声望关联机制和拖累效应。如前所述，作为首位度最强的图书馆学是影响图情档学科竞争力的核心。本章基于社会学的声望理论构建了大学声望关联模型和图书馆声望传导效应模型，研究基于近70年全球图书馆实践阐释了伴随计算机应用，图书馆文献组织与服务工作由专业化到逐步简单化的演进过程，借此揭示了图书馆职业变化与图书馆学教育及信息管理学科群的关联逻辑，进一步揭示了图书馆学教育声望日益低下对信息管理学科群的拖累效应。在声望拖累机制下，一方面图书馆学依靠所属大学的高声望和计划经济时代的调剂政策维持发展；另一方面，图书馆学竞争力潜在影响了信息管理学科群的声望。因此，要想提高信息管理学科群在内的图情档竞争力，其核心是改革图书馆学，最根本的是结合时代需求重构专业定位，实施更名、课程内涵和研究内涵三位一体的教育改革。

第四章和第六章是对前述理论分析的进一步探索与实证检验，利用高被引期刊对图情档学科的学术竞争力进行实证研究。其中，第四章通过图书情报学（简称"图情"）高被引论文的内容结构特征阐释图情学术竞争力不足的影响因素并揭示其成因。本章融合社会分层理论、市场效率理论和资源基础理论提出学术竞争力模型，提出了"体裁"的概念，构建了"体裁—学术规范—社会效应"内容分析框架，利用中国知网全文数据库图情 17 种重点期刊 2009—2013 年 80 篇高被引论文 6552 条引文开展内容分析。研究表明，图情高被引样本近八成是缺乏学科规范的报导型论文，且以图书馆职业研究为主，高被引论文职业实践效应明显，基础社会效应相对不足。这一事实为我们进一步认识图情学科竞争力不足提供了学术层面的实证证据，即图情学术竞争力不足跟论文的体裁结构和社会效应水平紧密相关，职业化是导致学术竞争力不足的根源。因此，本章的一个重要政策含义是，提升图情学科学术竞争力就必须推进图情学科由职业学科属性向科学属性转型。

第五章是对第四章图情学科职业定位实证检验的补充，突出从引用、品质和影响力的关系来深化研究。本章基于情报学典型期刊《情报学报》的高被引论文实证分析发现：情报学科的数据挖掘与检索、文献与信息计量、知识组织三大核心主题占比八成，主题开放性强，体现出较强的科学性，但是其平均被引率较低。与第四章对比发现，图书情报学科具有较强的职业实践特征，图书馆学高度影响图书情报学科的整体学科属性；而情报学科则聚焦于核心主题且体现出科学特征。实证研究表明，引用量与论文品质非正相关，引用量也不能完全代表学术影响力，职业实践研究与学术理论研究本质上属于两个不同的学术领域，科学合理的期刊和学者评价需要划分不同研究领域，强化研究内容和引用质量评价。

第六章通过档案学 CSSCI 源刊高被引论文分析档案学科结构，并基于该结构讨论对图情档学科的整体影响。通过 2012—2016 年档案学 CSSCI 源刊 124 篇高被引论文研究发现：（1）档案学热点主题集中在档案工作（包括档案信息服务、档案资源建设和专门档案）和学科建设领域，档案学理论次之；（2）档案学 CSSCI 刊物引文规模远低于图书情报学同类期刊，档案学理论、档案信息安全、信息技术应用三大主题篇均引用位居前三甲但总体规模相对不足。上述发现表明，档案学科队伍规模在图情档整体学科中较小，档案工作和学科建设等实践领域参与度高，档案学理论和新兴技术领域研究相对不足。提升图情档学科竞争力需要扩大档案学科队伍规模，实现档案学科主题结构和引用结构优化，基于学科融合和理论抽象提升档案学理论性和开放性。

第七章是对前述理论研究和实证检验的进一步深化。第四—六章的实证研究表明，图情档学术竞争力就规模和引文而言，图书馆学居首，图书馆学的职业学科定位在图情档学科的影响力最大，它代言了图情档学科的整体性质；就研究主题和学科规规范而言，情报学科学化程度和对外开放度最强，总体竞争力最优，代表了学科发展的方向。本章综合以上研究，围绕提高图情档学科整体竞争力进一步从学科在高等教育中的内外部发展骨干条件进行一般性理论分析，构建"理论性—核心领域—规模性—开放性"指标模型，围绕上述模型论证制约图情档学科发展的关键因素。进而阐述学科由职业学科定位向科学学科定位转型的理论依据。

第八章是本书的结语，在总结全书的基础上，归纳全书研究的主要创新、说明研究的不足之处以及进一步研究的方向，并就本书的研究结论提炼出对图情档学科变革的一些政策启示。

第 二 章

信息管理一级学科的变革机制：
教育环境视角

◇◇第一节 引言

众所周知，由于经济环境、社会环境和教育环境的变化，"图书情报与档案管理"（简称"图情档"或一级学科，下同）院系不断萎缩、本科一志愿招生持续低迷，专业竞争力难有根本提升。为此，业界众多学者十几年来从课程设置改革、院系名称调整到学科理论建设方面均做了极大努力，[①] 但学科发展的颓势依然无法阻挡。以 2018 年本科招生为例，图书馆学本科招生的高校已由 2006 年的 28 所减少到 21 所，档案学已由 31 所增加到 32 所（以上是举办图书馆学、档案学本科教育高校的实际数量，包含按照图书情报与档案管理、工商管

---

① 马费成：《论情报学的基本原理及理论体系构建》，《情报学报》2007 年第 1期；周九常：《风云初定，问题尚存——2010 年教育部高等学校图书馆学教指委第四次工作会议纪要及专业随想》，《图书馆理论与实践》2011 年第 10 期；金武刚：《图书馆学的"有为""无位"困境研究——兼论图书馆学的学术营销》，《图书与情报》2007 年第 3 期。

理、社会科学试验班或信息管理类招生的高校),① 两个专业占全国高校的比重已分别降至 0.95% 和 1.33%②。从教育部 2012 年公布的学科目录和本科专业目录来看,图情档一级学科改革并未取得实质性突破。围绕这一问题,本章拟引入高等教育学理论研究变革的必要性与可行性。

◇ 第二节 研究述评

一 研究综述

关于图情档学科的发展目标,业界进行了广泛讨论。其代表观点可分为三大类:

一类是信息资源观。其出发点是面对迅猛变革的信息环境,现有一级学科口径难有大量富有价值的问题供研究,将其研究对象扩大为"信息资源管理"后,可从经济、技术、人文等多种角度挖掘问题,培养高度复合型人才。③ 这一观点以"文献—信息—信息化"作为导向迁移,将研究对象扩大为社会信息化运动中的各种热点问题。自 2006 年以来,业界提出图情档学科应归入"信息资源管理"④,孟广

---

① 2018 年 8 月 20 日,阳光高考:专业知识库 (https://gaokao.chsi.com.cn/zyk/zybk/)。

② 中华人民共和国教育部:《全国高等学校名单》(2017 年 6 月 14 日),2018 年 5 月 20 日 (http://www.moe.gov.cn/srcsite/A03/moe_634/201706/t20170614_306900.html)。

③ 冯惠玲、周晓英:《信息资源管理研究与教育:一个大有作为的领域》,《图书情报工作》2004 年第 9 期。

④ 第二届中美数字时代图书馆学情报学教育国际研讨会:《数字时代中国图书情报与档案学类教育发展方向及行动纲要》,《图书情报知识》2007 年第 1 期。

均、沙勇忠等众多学者也表达了这一观点。[①]

一类是信息需求观。其主要观点是一方面充分承认信息化革命致使图书馆加速边缘化危机，[②] 一级学科必须拓宽学科口径；另一方面须坚持学科特定的研究对象，不能无限制扩大范围。[③] 其发展理念表现为以用户信息需求为中心，[④] 构建以组织信息和提供信息服务为特点的宽口径人才培养模式。[⑤] 范并思、曾民族、王学东等从多个视角反映了这一主体立场。[⑥] 张晓林从信息交流的角度阐述了拓宽图书情报专业口径的必要性，[⑦] 与此观点基本一致。

一类是图情档教育观。其主要观点是图书馆行业并无危机，图情

---

① 孟广均：《本学科的一级学科名称应顺势易名》，《图书馆论坛》2006 年第 6 期；刘永、邓胜利、陈矩弘等：《论信息资源管理的本质——学科定位问题探讨》，《档案管理》2005 年第 2 期；陈艳红、沈丽：《信息资源管理本科专业的建构背景与策略——基于图书馆学、情报学与档案学专业一体化的思考》，《档案学通讯》2008 年第 4 期；沙勇忠：《迈向数字时代的图书馆学教育：在规范中寻求发展——教育部高校图书馆学学科教指委 2008 年工作会议暨系主任联席会议观察》，《中国图书馆学报》2009 年第 1 期。

② 马费成：《数字时代图书情报专业教育的目标及其实现》，《图书馆建设》2001 年第 1 期；张晓林：《超越图书馆：寻求变革的方向——第 77 届国际图联大会观感》，《图书情报工作》2011 年第 2 期；张晓林：《颠覆数字图书馆的大趋势》，《中国图书馆学报》2011 年第 5 期。

③ 马费成：《规范学科名称，促进学科发展》，《图书情报工作》1996 年第 3 期。

④ 张晓林：《数字图书馆机制的范式演变及其挑战》，《中国图书馆学报》2001 年第 6 期。

⑤ 马费成：《新信息环境下的学科建设问题》，《图书情报工作》1998 年第 10 期。

⑥ 范并思：《论图书馆学专业教育的改革》，《图书情报工作》1998 年第 11 期；曾民族：《面向电子信息资源的信息服务业及其技术发展动向》，《情报学报》1996 年第 1 期；王学东：《面向现代信息技术的信息服务人才培养研究》，《情报学报》2000 年第 5 期。

⑦ 张晓林：《关于信息管理学及其教育的思考》，《情报理论与实践》1995 年第 2 期。

档教育危机缘于自身动荡——应该在坚持学科传统不动摇的前提下从教育体制和人才培养机制上寻求突破。① 例如加大研究生培养力度，推进课程体系改革等。持类似的观点还有彭斐章、王知津等。② "打响一级学科保卫战"③ "图书馆学需要战略思维"④ "信息资源管理有名无实⑤" 等从多个侧面体现了这一立场。

学科目标的重要体现之一是一级学科名称。由于"图书馆、情报与档案管理"是一个罗列性质的学科名，较其他一级学科的简明性、宽口径和广阔的发展前景而言，这一名称不利于学科成长已形成业界共识，但采用哪一名称却持有争议。较具代表性的观点有：（1）文献信息管理学。⑥ 这一观点于 1996 年由马费成先生率先提出，该时期与教育部将图书馆学、情报学和档案学三个二级学科划分出来组成一级学科并命名相距两年。在当时信息化并未全面普及、一级学科尚未整体命名的特定历史条件下，我们认为马费成的提案仍具积极意义。他提出的命名原则言简意赅：上位类学科的名称应当体现下位类学科的共同特征，在总体上涵盖下位类学科的基本内容；学科名称简明科学；与国际上相应的学科领域一致；具有时代气息和广阔的发展前景。（2）信息资源管理。⑦

---

① 程焕文：《高涨的事业与低落的教育——关于图书馆学教育逆向发展的思考》，《中国图书馆学报》2001 年第 1 期；肖希明：《图书馆学教育的根本出路在于教育体制改革》，《大学图书馆学报》2004 年第 1 期。

② 彭斐章：《图书馆学定有灿烂的未来》，《图书情报工作》1996 年第 3 期；王知津：《我国图书馆学教育面临新的转折和选择》，《图书情报工作》2003 年第 3 期。

③ 王知津：《图书馆学：打响一级学科保卫战》，《科学时报》2006 年 11 月 20 日。

④ 于良芝：《图书馆学教育呼唤战略思维》，《图书与情报》2006 年第 4 期。

⑤ 王新才：《卷首语——名与实之二》，《图书情报知识》2008 年第 5 期。

⑥ 马费成：《规范学科名称，促进学科发展》，《图书情报工作》1996 年第 3 期。

⑦ 孟广均：《本学科的一级学科名称应顺势易名》，《图书馆论坛》2006 年第 6 期。

业界多位学者表明了这一立场，但是该观点存在广泛争议。[①] 马费成认为"信息资源"一词存在较大歧义，确定该目标可能导致泛化乃至脱离学科内核，一级学科将被引入随波逐流的歧途；[②] 王新才则认为名不副实。[③]（3）信息管理。[④] 侯经川先生于 2010 年提出，但此前马费成分析认为信息管理在国外特指以管理信息系统为核心的信息流控制，确定该名称既名不副实也不利于国际化。[⑤]

二 比较评价

教育要与社会发展相适应。[⑥] "图书情报与档案管理"作为高等教育学的一部分，需要遵循高等教育学的一般规律。一方面教育必须受经济、政治、文化、社会等外部环境的影响；另一方面教育的功能需要通过学科内部因素来实现。概括地说，就是外部环境和内部条件要趋于协调一致。本章对上述三种派别改革途径比较分析如表 2—1 所示：

---

① 刘永、邓胜利、陈矩弘等：《论信息资源管理的本质——学科定位问题探讨》，《档案管理》2005 年第 2 期。

② 马费成：《规范学科名称，促进学科发展》，《图书情报工作》1996 年第 3 期。

③ 王新才：《卷首语——名与实之二》，《图书情报知识》2008 年第 5 期。

④ 侯经川：《关于〈普通高等学校本科专业目录〉信息管理学科部分的修订建议》，《情报理论与实践》2010 年第 9 期。

⑤ 马费成：《规范学科名称，促进学科发展》，《图书情报工作》1996 年第 3 期。

⑥ 潘懋元：《教育外部关系规律辨析》，《厦门大学学报》（哲学社会科学版）1990 年第 2 期。

表 2—1　　　　　　　　　　不同派别改革途径比较

派别	外部环境	内部条件	改革途径
信息资源派	充分	相对不足	刷新内容，体制不变
信息需求派	充分	充分	内涵式拓宽研究内容
图情档派	相对不足	充分	内容不变，体制改革

　　由此可知，三者都承认图情档教育存在问题，都承认需要改革；但在改革的途径上产生了分歧，其深层原因是对外部环境和内部条件的认识不够统一。本章支持信息需求派的观点。即基于学科发展的战略需要，应有原则地拓宽口径，一级学科的新目标是瞄准社会信息需求组织信息并提供知识服务。

◇ 第三节　变革的外部环境

　　张晓林早在 1995 年就从信息环境角度阐述了我们所处的外部环境，[①] 马费成随后在 1998 年进一步增加了市场体制和社会条件两个因素，[②] 但并未引起学界的广泛重视。本章结合时代发展试做进一步分析：

一　市场经济加速资源优化配置，宽口径育人成为时代宗旨

　　市场经济体制导致了信息需求的变化。20 世纪 80 年代中期我国

---

　　①　张晓林：《现代信息环境对图书情报工作的启示》，《四川图书馆学报》1995 年第 4 期。

　　②　马费成：《新信息环境下的学科建设问题》，《图书情报工作》1998 年第 10 期。

经济政策逐步走向计划经济加市场调节，原有单一的科技信息需求逐渐向市场信息需求发展。1992 年我国确立市场经济体制，市场信息需求跳到科技信息需求的前台成为整个社会信息需求的主体。国内科技情报受体制观念束缚未即时变革，其发展一度陷入沉寂；相反，20 世纪六七十年代的美国，著名的 Dialog 公司为顺应市场经济主动调整公司数据库的资源结构，将经济类信息的比例由几乎为零提高到70%左右，实现了机构的腾飞。由此可见，市场经济体制对机构生存的影响。

市场经济体制还导致了企业用人机制和教育体制的根本变革。市场体制通过放权激活企业的同时使得企业间面临激烈竞争。为此企业渴望选拔最能提升市场竞争力的 T 型人才，过去为特定部门培养单一人才的计划经济办学模式与新体制不再适应。正因如此，1993 年国家教委先后颁发了《中国教育改革和发展纲要》和《关于 1995 年深入进行普通高等学校招生和毕业生就业制度改革的意见》，[①] 提出大学生就业由指令性分配转为双向选择的体制改革，同时启动了以"宽口径、厚基础"（俗称 T 型人才）为办学宗旨的大规模专业名称调整号召。2011 年以来，教育部再次加大了改革的力度，先后出台多项以市场就业率为导向的办学政策，例如"连续两年就业率较低应缩减招生直至停招""本科专业五年停招原则上撤销"等。

二　数字革新引领信息化变革，泛在服务成为时代趋势

泛在信息服务源于泛在知识环境。2003 年 1 月，作为美国数字图

---

① 谈松华：《高等教育运行机制与大学生就业制度改革》，《上海高教研究》1995 年第 1 期。

书馆先导计划一期工程主导之一的密歇根大学数字图书馆项目负责人丹尼尔·阿金斯向美国科学基金会（NSF）提交新形势下美国数字图书馆未来发展的报告。[①] NSF 为此举办了"后数字图书馆的未来"主题研讨会，并在随后的报告[②]中提出数字图书馆的未来依赖泛在知识环境来实现。结合不同视角对"泛在知识环境"进行解读，大体可分为四种认识，见表2—2。[③]

表 2—2   泛在知识环境解读视角

类型	视角	建设内容
1	谷歌数字化图书	谷歌数字图书馆
2	Web2.0 服务，用户参与	Web2.0 数字图书馆
3	笔记本电脑 + 无线网络	无线数字图书馆
4	手机 + 移动通信网络	手机数字图书馆

  上述四种方式产生的信息服务模式我们称为泛在信息服务。在泛在知识环境下，IT 企业和图书馆在各种新兴信息技术支持下，借

① Daniel E. Atkins, Kelvin K. Droegemeier, Stuart I. Feldman, et al., "Revolutionizing Science and Engineering Through Cyberinfrastructure", *National Science Foundation*, Vol. 20, No. 2, January 2003, pp. 203 – 226.

② Ronald L. Larsen, "Knowledge Lost in Information: Report of the NSF Workshop on Research Directions for Digital Libraries", NSF Post Digital Library Futures Workshop, Chatham Massachusetts, June 15 – 17, 2003.

③ 陈维军、李亚坤：《泛在知识环境下的图书馆》，《图书馆杂志》2006 年第 9 期；杨帆、肖希明：《从资源网络到知识网络——Web 2.0 泛在知识环境下数字信息服务基础建构》，《图书情报工作》2007 年第 8 期；肖志辉：《移动互联网研究综述》，《电信科学》2009 年第 10 期。

助无线网络和手机等多种移动设备嵌入用户终端，以情景敏感方式将信息资源推送给用户，满足用户的泛在服务需求。机构库、数字化服务、移动阅读等成为服务主流趋势，传统图书馆业务受到颠覆性冲击。中国互联网络信息中心于 2013 年 1 月发布的报告显示，我国网民规模已达 5.64 亿人，手机上网超过台式电脑上网达到 4.2 亿人，同比增长 74.5%，超过 2011 年底 69.3% 的增速。[①] 显然，移动互联网、云计算、物联网、大数据分析、知识图谱等信息技术将继续成为信息变革的重要力量，它们将共同推动泛在服务在全民中普及。

三　高校扩招推动教育时代转变，学科竞争力面临严峻挑战

继 1993 年高等教育开始小幅扩招后，国家于 1999 年启动了大规模的扩招政策。仅以普通本专科层次来看，高等学校招生增长率由 1998 年的 8% 猛增到 1999 年的 42%，1999—2006 年年均增长率高达 19.2%。GDP 增速越快表明社会提供的就业机会越多，而 1999—2006 年的 GDP 增速不仅没有与同期招生增长率实现同步，还较 1998 年以前有大幅下降（见图 2—1）。由此可见，高等教育由精英教育迈向大众教育时代的同时，劳动力市场实现了由卖方市场到买方市场的根本转变。《人民日报》指出，我国大学毛入学率将由 2010 年的 26.5% 增长到 2015 年的 36%，大学生就业问题将更加突出。

---

① 中国互联网络信息中心：《第 31 次中国互联网络发展状况统计报告》（2013 年 1 月 15 日），2013 年 4 月 17 日（http://www.cnnic.cn/hlwfzyj/hlwxzbg/hlwtjbg/201403/t20140305_ 46239. htm）。

单位：百分数

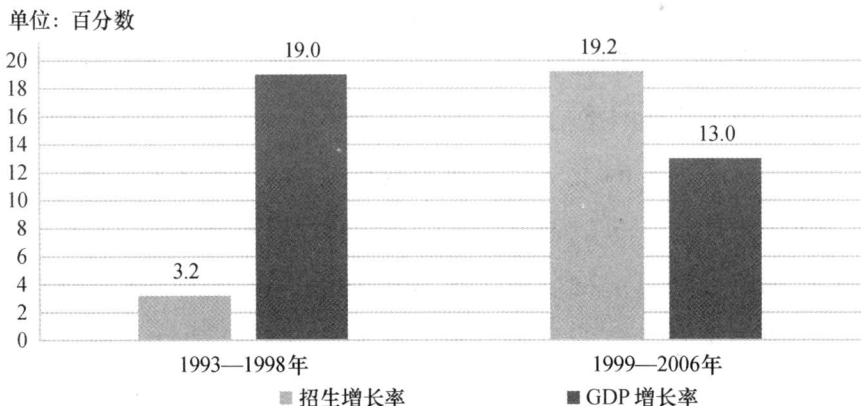

图 2—1 普遍高校大学扩招与同期 GDP 年均增长率比较

资料来源：根据中国统计出版社 2008 年版的《中国统计年鉴（2007）》第 57 页和第 789 页数据整理而成。

从职业竞争力来看，核心竞争力越强，就业能力就越强。参照企事业单位核心竞争力的标准，① 笔者提出个人核心竞争力形成的主要因素：（1）应具备价值性，能够通过直接效益证明自己创造的价值；（2）应具备贡献差，所提供的价值较潜在竞争者更富有效益，且价值不容易被竞争者所模仿；（3）应具备延展性，能够为更大发展空间和更多价值提供持续支持。学生的核心竞争力相当程度上受专业的制约。笔者认为决定专业强弱的主要因素包括专业名称口径、专业性/理论性、时代性和市场化程度四大方面，见表 2—3。

―――――――――

① 刘世锦、杨建龙：《核心竞争力：企业重组中的一个新概念》，《中国工业经济》1999 年第 2 期。

表 2—3　　　　　　　　　　　专业强弱影响因素对比

类型	专业名称口径	专业性	时代性	市场化程度	举例
弱势专业	窄	弱	弱	低	图书馆学
强势专业	宽	强	强	高	信息管理与信息系统

　　买方市场上，弱势专业较强势专业受到的外部冲击更大：一方面其他强势专业广泛流入图书馆，一方面图情档专业流向其他行业的能力不足，整体上处于明显劣势地位。

　　以上从三个方面分析了一级学科所处的外部环境，下面我们结合这几个方面对图书馆学、档案学、信息资源管理三个专业的适应能力进行比较分析，同时引入信息管理与信息系统专业作为参照，如表 2—4 所示。

表 2—4　　　　　　　　　　专业适应外部环境能力比较

专业名称	市场经济	数字革新	泛在服务	专业竞争力
图书馆学	规避	弱	规避	弱
档案学	迎接	弱	规避	偏弱
信息资源管理	迎接	弱	迎接	偏强
信息管理与信息系统	迎接	强	迎接	强

　　注：本表是从专业名称形成的社会认知视角来分析外部环境的适应能力，区别于专业内涵解读视角。

　　由表 2—4 可知，四个本科专业的职业竞争力排名从低到高依次为：图书馆学＜档案学＜信息资源管理＜信息管理与信息系统。图书馆学专业由于与外部环境完全不相适应，专业竞争力最差。档案学专业因可走向部分企业，这一市场利好致使其竞争力优于图书馆学。信息资源管理则较前二者更好，但是由于专业定位模糊、受一级学科名称制约、规模效应难于形成致使社会认知度差等综合因素，专业发展前景不甚明朗。相较图情档专业的整体危机，隶属管理科学与工程一级学科下的"信息管理与信息系统"专业则要好得多，尽管该专业在教学实践中也存在一些问题，[①] 但其改革总体上顺应了外部环境，一定程度上改变了图情档的生态环境，缓解了一级学科的颓势局面，改革成果应得到肯定。

◇ 第四节　变革的内部因素

一　拓宽一级学科口径的理论依据与实践基础

经济基础决定上层建筑，笔者据此构建"经济—文化—政治"的金字塔模型，它们分别对应企业单位、科教文卫等事业单位和政府机关三种社会主体。在此基础上，笔者提出信息需求的金字塔模型，可将信息需求划分为经济信息需求、文化信息需求和政务信息需求。如图2—2所示。

图书馆是满足用户文化信息需求的基础，政务信息主要包括涉及民生的各类公众信息和法律文书档案，为使论述重点突出，这里以档案馆为代表。近年来，伴随着政府信息公开条例的出台，档案馆和图书馆被确立为政府信息公开的权威渠道，档案馆逐渐走向大

---

① 赖茂生：《知识时代的 LIS 如何定位和发展》，《图书情报工作》2010 年第 1 期；侯炳辉：《MIS 三十年回眸及其新认识》，《信息系统学报》2011 年第 8 期。

众文化视野，国有企业各部门设立档案文秘的职位，故档案横跨三个层级。

图 2—2　信息需求金字塔模型

由图 2—2 可知，经济信息需求 > 文化信息需求 > 政务信息需求，且影响份额呈几何级下降。图书馆、情报所和档案馆的用户较经济信息用户少得多，且这三类机构要等待经济条件相对成熟时才有大众市场，恰在这时，网络化和移动化的高度成熟又将其挤到生存的边缘。可喜的是，近十年来凭借政策优势，国有企业发展强劲，档案受这一市场影响就业状况有所好转，但作为行业的附属品，档案人才需求占市场人才需求的比重微乎其微，其发展前景仍然令人忧虑。

事实上，文化信息的服务机构不仅有图书馆、情报所和档案馆（下文以文献囊括之），还包括电视台、广播电台、新闻杂志社、手机终端、网络运营商等。笔者可将其划分为广电报刊、泛在网络和文献三大主体。处于基础地位的文献既满足大众用户的信息需求，同时更受专业知识需求人士的欢迎。现实中大众用户对文献的依赖远不及广电报刊和泛在网络两大信息媒介，其用户黏性最低。由此可知，面向广阔的大众用户，图情档占文化信息需求的份额十分小。这表明图情档一级学科所承担的责任范畴较其他一级学科小得多，严重制约了学科吸纳发展的社会资本（包括学生和家长对下属专业的认可、社会对办学资金的支持、专业发展与师资力量的规模效益、科研对社会的附加值水平、本一级学科对其他一级学科的辐射能力等）。不难发现，为谋求发展，20 年来学界研究的不少问题已超出了图情档范畴，在更广的层面有其普适意义和推广价值，但由于一级学科及其下属专业名称的限制，这些研究不仅难以获得公众支持和充分承认，公众还对其的专业性与合理性产生怀疑。

为此，应拓宽一级学科的责任范畴，将服务对象由图书馆、情报所和档案馆拓展为信息对象，横跨企业、文化部门和政府三个服务主体，确立泛在环境下培养信息人才的使命。在新的服务格局中仍然应强调数字资源建设的基础地位，同时增进经济信息的组织与服务，将现有学科的方法和技术向产业市场延伸，与百度、腾讯、阿里巴巴、超星、CNKI 等信息服务企业和业内兄弟部门如国家图书馆、中央档案馆、中国科学院文献情报中心、中国科学技术信息研究所等开展协同服务创新，从而构建完整的信息组织链和服务主体链。这样通过承担更大的责任来吸纳社会资本，实现一级学科与其他一级学科发展的平衡。

二 深化信息组织与知识服务的必要性

信息组织源于文献编目，其包括信息描述、分类法、主题法、标引与检索等内容。[①] 下面从文献的揭示深度、控制范式、标引方式、平台建设、内容深度、词表使用（这里指广义的词表，包括术语表、

---

① 戴维民：《信息组织》，高等教育出版社 2009 年版。

分类表、叙词表、本体等，下同）、语义性、数据表示八个方面概括信息组织的深化趋势（见表2—5）。

表 2—5 信息组织深化趋势

比较层次	传统形式	深化趋势
揭示深度	著录描述	主题内容
控制范式	专家控制	大众标注
标引方式	手工标引	自动标引
平台建设	封闭性	开放化
内容深度	文档管理	数据管理
词表使用	分散	集中
语义性	无	机器推理
数据表示	MARC	XML/SKOS/OWL

从表2—5可以看出，编目工作由文献的外在特征向主题内容特征发展，文献控制方式上由基于词表建设的专家控制向以搜索引擎为代表的自然语言检索和Web2.0时期的大众标注发展。例如，新兴网络环境下的叙词表建设充分利用大众词汇支持。[①] 信息资源由以图书馆为中心的封闭平台建设走向泛在环境下充分运用资源元数据和Web服务的开放平台建设，由传统数据库空间向数据空间拓展和深化。词表使用方面将分散的术语表、分类表、叙词表、本体等各种词表组成知识组织系统，运用Web服务和关联数据等新兴技术开展知识组织

---

① 曾建勋、常春：《网络时代叙词表的编制与应用》，《图书情报工作》2009年第8期。

体系集成，开发术语注册和服务系统、[1] 推动词表由传统线性关系向语义关联等深层网状关系方向发展，[2] 在强化数据可视化和可挖掘的基础上，促进文献揭示由文档级管理向数据级管理转变。数据表示方面，传统 MARC 环境下的数据既难以被外界分享，外界数据也难以被图书馆所利用，其封闭性限制了图书馆数据与其他信息生态的交流。[3] 新兴环境将充分挖掘适宜于网络生态和面向语义的数据表示方法，如 XML、SKOS、RDFS 和 OWL 等语言规范正成为数据表示的主体。

由分析可知，信息组织逐渐由一门经验性的单一学科上升到专业性的交叉学科，学科建设由计算机辅助向计算机主导嬗变，资源建设主体以拥有传统分类编目方法为核心的图书馆学人才逐步向拥有数据库技术、自然语言处理、知识图谱与数据挖掘等新兴知识组织方法的交叉学科人才靠拢。这一趋势给学科师资结构和人才培养模式带来严峻挑战。

由于信息的不对称和获取困难，长期以来图书情报部门将文献组织与检索传递服务作为自己的核心竞争力（见表2—6），具有较强的经验色彩和低附加值特征。在知识经济成熟和泛在网络普及环境下，传统业务定位难以生存，业界开始了以专业性和高附加值为特征的知识服务探索。[4]

---

① 欧石燕：《基于 SOA 架构的术语注册和服务系统设计与应用》，《中国图书馆学报》2011 年第 5 期。

② 曾建勋、常春、吴雯娜等：《网络环境下新型〈汉语主题词表〉的构建》，《中国图书馆学报》2011 年第 4 期。

③ 顾犇：《文献编目领域中的机遇和挑战》，《图书馆建设》2008 年第 4 期。

④ 张晓林：《走向知识服务——寻找新世纪图书情报工作的增长点》，《中国图书馆学报》2000 年第 5 期。

表 2—6　　　　　　　　　　文献服务向知识服务深化趋势

文献服务	知识服务	主要支撑方法
文献借阅	数字教育空间	场所＋数字设备
文献编目	密集型数据服务	知识组织、数据科学、语义网
定题与查新	战略情报	科学/信息计量学＋定量工具
信息素养培训	搜索开发与优化	数据库技术、信息检索技术
数字参考咨询	企业管理咨询	战略管理、创业管理、信息经济学
文献资源导航	泛在信息服务	Web 服务、信息系统、移动技术

　　知识服务尚无统一的定义，本章将其界定为以各类信息的组织、检索、分析和挖掘为目标，依托现代信息技术、定量分析工具或理论模型开展的专业化信息服务。它区别于传统的文献流通、参考咨询等基础信息服务，又不完全等同于图情界基于文献和用户过程的知识服务定义。[①] 我们以图书馆提供的服务内容为基础嬗变，提出知识服务的内容可能有：密集型数据服务、搜索开发服务、战略与学科情报服务、泛在信息服务和企业咨询服务等（见表 2—6）。

　　2012 年 5 月，国际图联对全球 25 个国家 59 所城市图书馆调研后指出，[②] 尽管 2006—2010 年的外借量整体增长 35.7%（2007 年除外），但数字内容将成为未来发展趋势，并确立将社交媒体、电子流通、数字参考和推广服务（国际称为 programming service）四大新指标引入今后的评估。由此观之，未来公共图书馆除通过技术变革深化

---

① 张晓林：《重新认识知识过程和知识服务》，《图书情报工作》2009 年第 1 期。

② Metropolitan Public Library，"Libraries in Changing Times：A global view"，2013 - 4 - 17，http：//www.Ifla.org/publications/metropolitan-libraries-annual-statistical-survey.

数字服务外,① 将重点挖掘以推广服务为载体的场所价值。②

定位于采、编、分、典、流的传统图书馆教育逐渐不适应信息工作的需要,面对互联网技术和信息共享机制的高度成熟,编目等特色技术工作逐渐丧失其专业性,③ 为此,在夯实信息组织基础理论的同时需要加强以知识组织体系为特征的数据管理模式探索,并以此为基础向密集型数据服务拓展,研究密集型数据科学下的理论、方法、技术与应用。④

文献资源导航服务正向移动化、集成化、可定制、情景敏感等智能化方向发展,为此,开展泛在信息服务的技术与方法研究已成为信息管理学科的时代选择。在泛在网络普及的情景下,一方面用户信息素养水平得到空前提高,另一方面信息服务平台的简单化和高度智能化成为变革服务的圭臬,以培养用户利用复杂信息环境的信息素养教育和相关服务(如数字参考咨询)正面临被淘汰,而此时搜索引擎利用的普及和检索质量要求的提高为深化信息检索理论和应用带来了发展机遇。市场经济促使机构管理实施以"事业单位—国有企业—民营企业"为导向的体制变革,市场化竞争激烈导致企业战略和知识管理问题凸显,于是知识经济时代企业管理咨询产业兴起,我们可拓展既有信息分析与咨询的理论方法,并向市场咨询与情报产业转型升级,

---

① Piper P. S. , "HathiTrust and Digital Public Library of America as the Future", 2013 – 4 – 17, http：//www. Infotoday. com/OnlineSearcher/Articles/Features/HathiTrust-and-Digital-Public-Library-of-America-as-the-future – 88089. shtml.

② 陶俊、孙坦、金瑛:《总分馆制下公共图书馆的服务模式研究——以美国波士顿公共图书馆为例》,《图书馆建设》2010 年第 8 期。

③ 程焕文、姜瑞其:《谈图书馆采编业务外包》,《图书情报工作》2006 年第 1 期。

④ [美] Tony Hey、Stewart Tansley 等:《第四范式:数据密集型科学发现》,潘教峰等译,科学出版社 2012 年版。

强化与此相关的学科群建设。

三　开展知识服务的潜在可行性

事实上，我国图情界早已开始了知识服务的探索历程。早在 20 世纪八九十年代，中国科学院文献情报中心开发的中国科学引文数据库、中国科技信息研究所开发的万方数据，南京大学信息管理学院苏新宁先生主导的中国社会科学引文索引（CSSCI）可作为知识服务的先导。90 年代以来，以邱均平、武夷山、金碧辉等为代表的科学计量学团队在理论方法建设上开展了卓有成效的工作。21 世纪以来，冷伏海团队将这些方法服务于中科院院部领导、国家自然科学基金委、航天工程等战略决策部门，推出了一系列重大报告；以侯汉清、孙坦、曾建勋、刘炜等为代表的团队推动了数字图书馆和知识组织体系的方法和应用创新；董慧、赖茂生、苏新宁、张李义等团队在信息检索和泛在商务等领域开展了一系列方法研究；马费成、焦玉英、初景利、陈传夫、周庆山等人则在信息经济学、企业管理咨询、知识管理、学科化服务和信息法学的教学与研究上做了有益的探索和实践，这些工作成为传统文献服务向知识服务转型的行业标杆。

尽管在知识服务的探索上取得了初步成果，但也应当承认，一方面，图情实务界知识服务的业务形态、服务对象、内容范畴等有待进一步深化；另一方面，知识服务不仅要瞄准图情实务界，更要向需求更为广泛的企业和政府等主体管理实践部门拓展发展空间。然而，图情档教育界在知识服务的教学和人才培养方面尚未达成共识阻碍了学科规模效应的形成，与广阔的市场需求不相适应，这既延缓了知识服务的市场化进程，成为学科面临的重大挑战，也可能成为变革时期新的学科增长点。

综上所述，当前相对狭窄的一级学科结构及其定位与时代发展不相适应，不利于学界的可持续发展，为此，须基于学科内核拓宽学科口径，以专业性定位原则重构一级学科的理论体系。重点是围绕泛在服务产业深化信息组织、信息检索、数据科学、泛在商务、信息系统工程等技术方向的方法与应用创新；围绕情报与咨询产业加强计量学、信息经济学、IT 战略管理、商业智能、产业组织等偏经济管理方向的理论体系建设；围绕公共信息管理加强电子政务、公共政策学、公共组织与设计、社会学等偏公共管理方向的理论体系建设；围绕信息治理与数字遗产保存加强信息法学、数字人文、电子出版经济、网络传播学等新兴交叉学科方向的理论体系建设等。

◇ 第五节　结论

基于以上分析，笔者提出以一级学科再定位为主导、以学科理论体系重构、本科教育改革和师资结构重组为配套的变革路径。未来建议以"信息管理"替代现有一级学科名称。原因如下：

（1）符合更名四原则。由于拓宽了学科口径，马费成教授提出的学科名称不利于与国际交流的说法已不复存在，可包容国际上的"信息管理"，新一级学科符合市场经济条件下的"宽口径、厚基础"办学方向。

（2）肯定既有改革，避免引发外部动荡。信息管理作为一个院系在国内已发展 20 年，初步占领了公众心智，① 且在一定范围形成了正面的社会认知，为图情档向信息管理顺利拓展做了铺垫。

（3）定位明确且与邻近一级学科名称风格一致。"信息管理"与"公共管理""工商管理"等同属管理学大类的名称保持一致，且各自有明确的学科定位，② 利于促进相关学科的交流与融合。

（4）优于其他命名。"信息资源管理"包容性和社会影响不如信息管理。"文献信息管理学"口径仍然不符合时代发展需要。

变革的意义表现在：（1）保留自身特色。通过稳定学科内核实现了学术传承的基本目标，新的一级学科仍然将现有学科内容作为自身发展的一部分。（2）实现一级学科的内涵式转变。一方面消除了一级学科名称的机构壁垒，加速了图情档的实质融合；③ 另一方面拓宽了一级学科内容，适应了外部环境，为后续优化本科专业及孕育新专业留下发展空间。（3）学科开放性和专业性增强。有利于吸引相关学科资源向本学科聚集，促进一级学科队伍的规模效应和协同创新机制的形成，在其他学科支撑下现有一级学科颓势有望得到扼制甚或适度增长，其发展后劲有望显著增强。（4）社会责任和品牌形象大幅提升。新一级学科定位既有利于改善下属专业在市场化竞争中面临的整体质量和效益不足困境，又有利于拓展就业范围和科研问题来源，进而提升学生职业竞争力和科研投入产出效益。

教育改革事关育人质量和学科兴亡。为适应社会变革的形势，

---

① ［美］里斯、特劳特：《定位》，王恩冕等译，中国财政经济出版社 2002 年版，第 21—34 页。

② 侯经川：《关于〈普通高等学校本科专业目录〉信息管理学科部分的修订建议》，《情报理论与实践》2010 年第 9 期。

③ 章燕华、叶鹰：《关于图书馆学和档案学理论分歧与融通的对话》，《中国图书馆学报》2010 年第 4 期。

教育部近年来相继启动了专业目录优胜劣汰机制和双一流学科建设任务，此外教育部进一步落实办学自主权也可能使学科间竞争加剧——专业存亡逐步交给市场决定的时代潮流给我们敲响了"不改革即淘汰"的警钟！图情档教育界未来能否走出低谷，很大程度上取决于我们是否能够突破固有利益格局的羁绊回到深化信息管理变革的轨道上来，取决于我们是否顺应市场体制改革、教育体制改革和全球信息化浪潮。

第三章

声望关联、文献工作演进与图书馆学教育改革

◇ 第一节 引言

改革开放以来，我国图书馆学教育者为国家现代化事业培养了一大批优秀人才，他们在信息时代为我国文献情报工作的转型发展做出了重要贡献。然而，我国图书馆学教育却在这一历史进程中处于蹒跚发展期，尽管一小部分高校先后发起创办了信息管理、[①] 信息资源管理等适应时代的新专业，为图书情报教育的可持续发展做了有益的探索，但是大多数图书馆学专业处于发展困境之中：[②] 图书馆学需要靠调剂等非市场化手段救助才能存活；受专业名称和发展规模的制约，吸引一流师资改善学科结构愈发困难，学科发展的内在动能相对不

---

① 霍国庆：《信息管理与信息管理专业——记山西大学信息管理系》，《晋图学刊》1993 年第 3 期；谢阳群、邓以宁、吴昌合：《关于设立信息管理专业的几个问题》，《情报科学》1994 年第 2 期；张晓林：《关于信息管理学及其教育的思考》，《情报理论与实践》1995 年第 2 期。

② 于良芝：《图书馆学教育呼唤战略思维》，《图书与情报》2006 年第 4 期。

足。更为严峻的是，近年来全球 iSchool 院校正在加快去图书馆化的步伐，① 例如，伊利诺大学香槟分校、肯特州立大学已于 2016 年和 2017 年相继更名为 iSchool，我国西北大学在市场压力下也启动了信息资源管理专业的筹备工作。不仅是学院和专业，课程和学位论文也显示了去图书馆化的普遍性。② 在此背景下，科学破解图书馆学教育困境尤为迫切。梳理文献可以发现，虽然已有研究分析了图书馆学教育困境的成因，③ 同时关注到全球加快去图书馆化的事实，但是忽视图书馆实践变化对专业、学生和大学声望的关联传导效应使得我们不能深入理解去图书馆化背后的深层逻辑并理性回答导致困境的内在原因，也无法说明为什么图书馆学需要改革以及推进学科改革的关键在哪里。本章试图借助社会学的声望理论来揭示图书馆实践变化与图书馆学发展的关联逻辑，在此基础上回答破解图书馆学教育困境的可能路径。

本章的创新贡献主要表现在：第一，理论创新。（1）本章提出

---

① Roy L., Simons R. N., "Tradition and Transition: The Journey of an iSchool Deep in the Heart of Texas", *DESIDOC Journal of Library & Information Technology*, Vol. 37, No. 1, January 2017, pp. 3 - 8; Golub K., Hansson J., Selden L., "Cult of the I: Organizational Symbolism and Curricula in Three Scandinavian iSchools with Comparisons to Three American", *Journal of Documentation*, Vol. 73, No. 1, January 2017, pp. 48 - 74.

② Finlay C. S., Sugimoto C. R., Li D., et al., "LIS Dissertation Titles and Abstracts (1930 - 2009): Where Have All the Library Gone?", *Library Quarterly Information Community Policy*, Vol. 82, No. 1, January 2012, pp. 29 - 46; Wu D., He D., Jiang J., et al., "The State of iSchool: An Analysis of Academic Research and Graduate Education", *Journal of Information Science*, Vol. 38, No. 1, February 2012, pp. 15 - 36; 肖希明、李琪、刘巧园：《iSchools"去图书馆化"的倾向值得警惕》，《图书情报知识》2017 年第 1 期。

③ 于良芝：《图书馆学教育呼唤战略思维》，《图书与情报》2006 年第 4 期；陶俊：《体裁、社会效应与学术竞争力——图书情报学科高被引论文内容结构考察》，《图书情报工作》2016 年第 1 期。

了大学声望关联模型，依托该模型构建了图书馆声望传导效应模型。该模型揭示了图书馆传统服务边缘化对图书馆学声望及其大学声望的内在传导机制。（2）本章提出了声望拖累的概念。理论研究表明，图书馆学不仅自身面临持续发展困境，同时基于声望的关联传导机制拖累了信息管理学科的整体声望。与以往研究相比，本章从理论上系统回答了为什么更名会实现多赢。第二，论证视角创新。与传统基于生态论、① 课程和师资结构调查等研究不同，本章围绕近 70 年来传统文献组织与检索实践的历史演化并融入声望理论来论证。

◇◇第二节　理论基础

人的发展具有社会性。社会分层理论认为，社会不平等形成有价值物的分配，社会地位越高越有机会获得更多有价值物，竞争力越强。社会学家用社会地位来指称社会经济地位（Socioeconomic status，简称 SES），其包括个人的受教育程度、收入水平以及职业声望等。②

社会地位可用声望一词度量。声望是指一个人从他人那里所获得

---

① Vanhouse N. A., Sutton S. A., "The Panda Syndrome: An Ecology of LIS Education", *Journal of Education for Library and Information Science*, Vol. 37, No. 2, Spring 1996, pp. 131 – 147.

② ［美］戴维·波普诺:《社会学》，李强译，中国人民大学出版社 2007 年版，第 268—270 页。

的良好评价与社会承认。① 为了获得良好社会评价，越优秀的学生越渴望向声望更高的大学冲刺。马克斯·韦伯等社会学家将声望与财富、权力一同来刻画社会的分层结构，它们分别对应一个人的社会地位、经济地位和政治地位。众所周知，与企业家、政治家追求财富和权力不同，大学的内在目标在于维护和提高声望。② 声望卓著的大学不仅能够吸引优秀学子报考，还可激励知名企业家捐赠和杰出政治家发表演说。

　　大学依托专业为社会培养人才，作为一种市场行为，专业往往依托学科满足现实社会需求。因此，学科是构成大学整体声望的原子载体。其基本逻辑是，学科声望越大，专业声望越强；学科声望越高，越能吸引一流教师从教；反过来，教师声望越高，学科声望越好，专业声望越强，生源质量越好。在此基础上，教师和学员声望越高，大学整体声望越高；反过来，大学声望越高，越能吸引优秀师生持续提高专业和学科声望（见图 3—1，双向箭头表示互为影响）。与此同时，大学致力于为社会培养人才，其专业均与社会各类职位存在或显性或隐性的关联（虚线表示隐性关联，实线表示显性关联，下同）。社会学理论认为，一个人获得良好声望通常在于拥有一个好职位。为了获得社会承认，每一位大学毕业生都希望找到更好的工作职位，职位也因此具有不同程度的声望。根据以上分析，本章提出以下大学声望关联模型。

---

　　① ［美］戴维·波普诺：《社会学》，李强译，中国人民大学出版社 2007 年版，第263—267 页。

　　② 程焕文：《高涨的事业与低落的教育——关于图书馆学教育逆向发展的思考》，《中国图书馆学报》2001 年第 1 期。

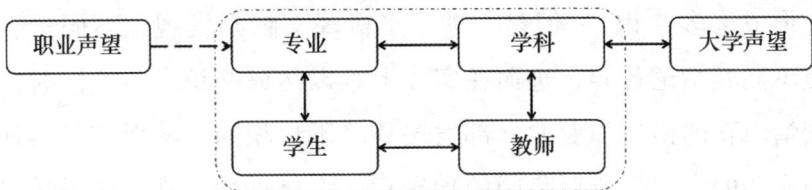

图 3—1　大学声望关联模型

从图 3—1 可知，教育是一种关联品。[①] 其关联逻辑在于，专业声望不仅与学科、学生（毕业生）和教师紧密相关，还与专业关联的职业和所属大学声望紧密相连。（由于高校大部分专业按照宽口径培养，其职业与专业的相关性以隐性关联为主，故以虚线表示。）从横向箭头来看，"职业—>专业—>学科—>大学"构成了专业声望的社会传导线；从教育内部来看，"专业<—>学生<—>教师<—>学科<—>大学"构成了专业支撑的内在关联线。专业关联的职业声望越高，职业覆盖面越大，专业越可能受到社会青睐；反之，专业关联的职业声望越低，职业覆盖面越小，专业将面临市场冷遇乃至淘汰。总体来看，尽管专业发展与学生和教师等大学主体密切相关，但更不容忽视专业关联的职业变化对专业声望的影响。

◇◇第三节　文献综述

究竟是什么因素导致了图书馆学教育的生存困境？国内外进行

---

① 张维迎：《大学的逻辑》，北京大学出版社 2012 年版，第 1—47 页。

了大量研究，尽管在社会环境、教育环境的变化和课程内容结构等方面形成诸多共识，① 但是，进一步梳理文献则发现，不同学者侧重点不同其结论各异，进而在实践上难以达成共识。与此同时，中外图情教育的格局和专业外部发展环境不尽相同，从而使得国外研究与实践的参照价值对我国的指导意义大打折扣，难以赢得学界同行信服。为了提高研究的针对性，笔者依托我国国情重点从图书馆学办学名称定位及馆员职业声望对图书馆学教育的影响层面进行梳理。

一 图书馆学专业定位与教育困境的争鸣

我国自 20 世纪 80 年代以来就围绕图书馆学名称是否科学进行争鸣，例如，一些图书馆工作者侧重于从图书馆事业及其对应的学科视角讨论图书馆学名称是否科学。② 与作为一个学科命名是否科学不同，高等教育中的图书馆学名称是一种专业制度安排，其变革依赖于时代变迁、社会人才需求和高等教育政策的变化。改革开放以来，为了促进高等教育适应社会变革和人才培养质量的需求，教育部先后于 1986 年前后、1993 年、1998 年和 2012 年进行了大规模的学科目录优化和专业调整工作，一方面通过专业合并压缩或淘汰传统专业，另一方面结合时代需求增设新

---

① 程焕文：《高涨的事业与低落的教育——关于图书馆学教育逆向发展的思考》，《中国图书馆学报》2001 年第 1 期；范并思：《论图书馆学专业教育的改革》，《图书情报工作》1998 年第 1 期；傅敏、刘兹恒、王子舟：《图书馆人才需求与图书馆学教育》，《图书情报工作》2003 年第 3 期；王知津：《我国图书馆学教育面临新的转折和选择》，《图书情报工作》2003 年第 3 期。

② 张晓林：《应该转变图书馆研究的方向》，《图书馆学通讯》1985 年第 3 期。

专业。1987 年以前我国专业种数一度达到 1300 余种，相关专业种数变化如图 3—2 所示。

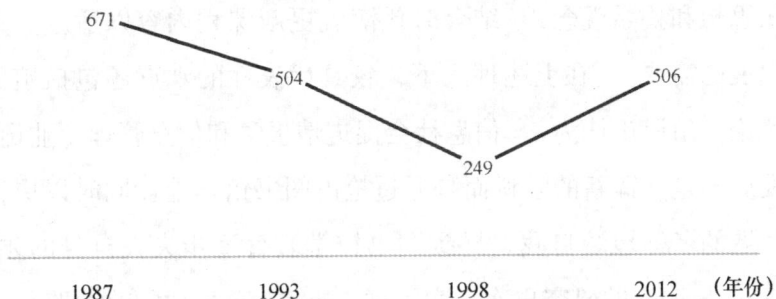

图 3—2　改革开放以来高等教育四次改革专业种数变化

资料来源：1993 年、1998 年、2012 年发布的普通高等学校本科专业目录。1993 年以前的学科专业目录是分科分批于 1984—1987 年逐步完成并发布的，如国家教委于 1986 年发布了《高等学校工科专业目录》。

作为一门专业的图书馆学在上述历次改革中得以保留，但是有关图书馆学教育改革的争鸣自 20 世纪 90 年代以来却从未止步。总体来看，可将相关研究划分为三大类：（1）名称不可动摇论。[1] 该观点认为，图书馆学的教育危机缘于变，改变院系名、调整专业名、包装课程名等形成学科内部动荡进而导致图书馆学公共形象严重受损。学者们认为，一方面改名固然能够与时代接轨，但同时指出仅以时尚的包装而不发展课程内涵是改革的误区，尤其是频繁更名则更容易形成自

---

[1]　程焕文：《高涨的事业与低落的教育——关于图书馆学教育逆向发展的思考》，《中国图书馆学报》2001 年第 1 期；吴钢、张果果、肖艳琴等：《图书馆学本科教育的基础地位不应动摇——关于图书馆学本科教育存在问题的讨论》，《图书馆学研究》2006 年第 4 期。

我否定和学科不成熟的公共形象。^① 不仅如此，一些学者声称，改名将导致图书馆学和图书馆人失去学科地位，^② 这一观点得到众多图书馆学者的拥护。学者们认为，图书馆学问题不在改名，而在破除学科的封闭思想和狭隘观念，^③ 结合时代潮流更新课程内容以适应图书馆事业发展的需要。^④ 在上述理念下，较具代表性的观点还包括殖民论和特色论。殖民论认为，^⑤ 信息社会促进情报学和信息管理专业诞生，但其发展不是开辟新的学科而是通过抢占图书馆学地盘同时以更符合时代发展的名称包装自我，导致图书馆学教育逐步失去自身的领地。近年来对 iSchool 的研究再次证实了这一点。^⑥ iSchool 的改革路径是把一切可以和实体图书馆切割的理论与技术如检索与行为、数字图书馆等划入信息领域，同时把源自实体图书馆但被数字图书馆所继承的分类、编目、标引等技术重新包装后纳入信息领域；剩余有关图书馆职业机构的内容则留给图书馆学，使得图书馆学逐渐沦为鸡肋。特色论认为，^⑦ 在 iSchool 均大力发展计算机学科进而导致学院同质化严重的背景下，拥有图书馆学是一种特色。为此，iSchool 加快去图书馆化是一种非理性行为。该观点的潜在逻辑是，特色是一种竞争力，失去特

---

① 马费成：《规范学科名称，促进学科发展》，《图书情报工作》1996 年第 3 期。

② 于鸣镝、初景利：《试评图书馆学系更名》，《图书情报工作》1998 年第 7 期。

③ 李刚、倪波：《20 世纪中国图书馆学的现代性与学科建制》，《中国图书馆学报》2002 年第 4 期。

④ 于鸣镝：《中国图书馆学的学科地位何以低下?》，《图书馆杂志》2003 年第 11 期。

⑤ 于良芝：《图书馆学教育呼唤战略思维》，《图书与情报》2006 年第 4 期。

⑥ 于良芝、梁思晨：《iSchool 的迷思：对 iSchool 运动有关 LIS、iField 及其关系的认知的反思》，《中国图书馆学报》2017 年第 4 期。

⑦ 肖希明、李琪、刘巧园：《iSchools "去图书馆化" 的倾向值得警惕》，《图书情报知识》2017 年第 1 期。

色竞争力将不复存在。总体来看，名称不可动摇论均偏向于从图书情报学科内部来找原因。（2）市场竞争论。这一观点侧重于从社会环境和教育环境的变化来审视专业教育。[①] 研究指出，专业办学需以市场效益和学生竞争力为导向，伴随着我国图书馆事业的现代化和办学点的规模化加速了图书馆人才饱和，图书馆学由于不满足市场时代人才培养的素质与效益要求，需要由宽口径的信息管理专业取代。[②] 从社会变迁出发，顺应时代环境有利于吸纳更多的社会办学资源进而实现学科竞争力的提升。计算、通信和智能技术全面应用于当代社会促使信息资源在信息社会中越来越重要，[③] 结合管理科学和文献信息特色适当拓展专业定位，有利于将带有较强计划经济色彩的传统职业专业优化成拥有更多社会办学资源和开放连接的现代化专业。[④] 基于以上认识，业内许多学者从竞争力层面论证了更名的整体优势，[⑤] 总体来

① 陶俊：《信息管理一级学科的变革路径研究》，《图书情报工作》2013 年第 9 期；Vanhouse N. A., Sutton S. A., "The Panda Syndrome: An Ecology of LIS Education", *Journal of Education for Library and Information Science*, Vol. 37, No. 2, Spring 1996, pp. 131–147；邹永利：《危机与选择——美国图书情报教育危机给我们的启示》，《图书情报工作》1993 年第 5 期。

② 范并思：《论图书馆学专业教育的改革》，《图书情报工作》1998 年第 1 期。

③ Vanhouse N. A., Sutton S. A., "The Panda Syndrome: An Ecology of LIS Education", *Journal of Education for Library and Information Science*, Vol. 37, No. 2, Spring 1996, pp. 131–147；冯惠玲、周晓英：《信息资源管理研究与教育：一个大有作为的领域》，《图书情报工作》2004 年第 9 期；唐明伟、苏新宁、肖连杰：《面向大数据的情报分析框架》，《情报学报》2018 年第 5 期。

④ 邹永利：《危机与选择——美国图书情报教育危机给我们的启示》，《图书情报工作》1993 年第 5 期。

⑤ 冯惠玲、周晓英：《信息资源管理研究与教育：一个大有作为的领域》，《图书情报工作》2004 年第 9 期；万良春：《确立"文献信息"概念 建立"文献信息学"》，《图书情报知识》1986 年第 1 期。

看，这些论断倾向于图书馆名称是一种负资产。① （3）职业论。② 该观点认为，源于职业实践的图书馆学，其理论性相较其他社会科学严重缺失；而高等教育重在依托理论训练抽象逻辑或探索科学规律，职业实践性越强，普适性越低，离科学规律活动越远。为此，推进图书馆学教育改革一方面需要推进职业定位转型改革，另一方面则宜融入前置基础理论来提高科学理论水平以降低职业化对学科造成的损害。③

二 声望对图书馆学教育的影响研究进展

根据大学声望关联模型可知，图书馆办学的声望主要由大学声望、图书馆学教育声望和馆员职业声望三部分组成。我国图书馆学办学主体为全国重点院校，所属大学声望普遍较高，整体对图书馆学办学具有高度正向作用。然而令人遗憾的是，图书馆办学规模却一直不高，20 世纪 90 年代以后图书馆学办学点甚至在急剧萎缩，体现主体规模的本科教学点基本稳定在 20 所左右，其专业占全国高校的比重不足 1%，较低的办学规模使得图书馆学教育的社会声望较低。与图书馆学社会声望不足相伴的是，学生对图书馆学专业教育的认同度同样较低。一项对武汉大学大一到大三共 127 名图书馆学本科生的专业认同调查显示，图书馆学本科生对专业认同感整体处于低位水平，与

---

① 王喜明：《我们需要怎样的学科名——从于良芝〈图书馆情报学概论〉说起》，《图书馆论坛》2018 年第 1 期。

② 陶俊、王传清：《信息管理学科整合的变革路径研究》，《图书情报工作》2014 年第 14 期。

③ 陶俊：《体裁、社会效应与学术竞争力——图书情报学科高被引论文内容结构考察》，《图书情报工作》2016 年第 1 期；陶俊、王传清：《信息管理学科整合的变革路径研究》，《图书情报工作》2014 年第 14 期。

此同时，高年级本科生对专业的认同较低年级本科生更低，[①] 徐建华的实证调查也得到随着专业教育的深入专业认同度下降的结论。[②] 这些研究反映出图书馆学办学声望不仅在社会中影响不高，在熟知教学内涵的学生评价中也不容乐观。苏新宁等人则从研究层面指出，图情教育声望不足与学科的研究对象较窄、研究深度不够和成果的影响范围不大有关。[③]

图书馆员职业声望影响图书馆学教育。我国著名社会学家李强先后于 1997 年和 2009 年针对北京市民做了一项有关职业声望的变迁调查。[④] 结果显示，一些职业的声望会随着社会环境变化而变化，但图书馆员社会声望在历经 12 年变迁后却一直处于中等水平且保持相对稳定，分别居于（58/100）位和（56/99）位，低于中小学教师（29/100）（32/99）、医生（5/100）（10/99）和大学教授（2/100）（4/99），最近的一次馆员声望调查与护士的职业声望较为接近（37/100）（58/99）。南开大学王翩然、徐建华等人从馆员职业声望变迁出发，深度访谈了 41 位 1977 年高考恢复后至今进入图书馆学专业的志愿选择经历发现，90 年代是图书馆学专业由"热门"变为"冷门"的分界，90 年代以前学生希望进入图书馆工作，90 年代以

---

① 古南辉：《论专业认同感与图书馆学教育的关系》，《图书馆论坛》2010 年第 1 期。

② 徐建华、王伟、俞碧飏：《专业教育对未来职业者图书馆员刻板印象的影响分析》，《图书与情报》2013 年第 2 期。

③ 苏新宁：《提升图书情报学学科地位的思考——基于 CSSCI 的实证分析》，《中国图书馆学报》2010 年第 4 期。

④ 李强：《转型时期冲突性的职业声望评价》，《中国社会科学》2000 年第 4 期；李强、刘海洋：《变迁中的职业声望——2009 年北京职业声望调查浅析》，《学术研究》2009 年第 12 期。

后学生毕业后不一定从事图书馆工作。① 上述研究一定程度上印证了图书馆社会认可程度固然与办学本身相关，更重要的是受到时代环境的影响。这一发现表明，图书馆员声望在 90 年代以后整体不高并影响了专业教育报考和就业。针对图书馆员的职业声望不足，图书馆界学人从理论上分析了图书馆员职业声望较低的原因，例如，部分图书馆工作者认为图书馆声望与学科命名不科学有关，图书馆这一名称没有与更本质的社会内容相联系，而人们从图书馆现状看到的绝大多数工作多为简单机械劳动、人们很难把这些工作或简单形式上的研究与科学联系起来。② 一些实务工作者则从实践角度出发，认为图书馆学职业声望不高与课程上理论脱离用人实际密切相关，③ 批判了图书馆学教育难以满足实践需求的现象。④ 现实调查似乎也印证了这一点，不少图书馆领导明确表示，他们不太欢迎图书馆专业背景的学生。⑤

基于上述理论逻辑和实证观察，声望对图书馆学教育的负向影响不仅体现在图书馆学教育的社会声望较低，同时还包括实务界和高校学生对办学主体的低评价。此外，图书馆学的办学困境还受到馆员在社会环境中的职业声望相对不足这一外在环境的根本制约。

---

① 王翩然、徐建华、李盛楠：《我国图书馆员社会声望变迁研究》，《图书与情报》2018 年第 2 期。

② 张晓林：《应该转变图书馆研究的方向》，《图书馆学通讯》1985 年第 3 期。

③ 于鸣镝：《中国图书馆学的学科地位何以低下？》，《图书馆杂志》2003 年第 11 期。

④ 张晓林：《与时俱进，让学科之树常青》，《图书情报工作》2003 年第 3 期。

⑤ 徐建华、王伟、俞碧飏：《专业教育对未来职业者图书馆员刻板印象的影响分析》，《图书与情报》2013 年第 2 期；张晓林：《与时俱进，让学科之树常青》，《图书情报工作》2003 年第 3 期。

通过以上研究发现，学界不仅对我国图书馆学教育定位开展了部分研究，同时也有学者注意到图书馆职业声望对图书馆学教育发展的影响，但是鲜有研究从专业定位的角度探究更名动机与专业、学生和大学声望之间的关联逻辑，尤其是依托文献组织与检索实践的历史演进对专业声望的影响来揭示图书馆学更名的理论依据。针对以上问题，本书采用图书馆技术史研究方法，在阐释图书馆文献组织与检索历史演进过程的基础上，依托大学声望关联模型揭示图书馆实践变化对图书馆学教育和信息管理学科群的影响。

◇ 第四节 图书馆文献组织与检索的历史演进

文献组织与检索是图书馆的核心工作，其主体内容也构成了图书馆学专业的骨干课程，为此，本节将以文献组织与检索的演进为视角反映图书馆总体实践的变化。

伴随着后信息时代的来临，图书馆的工作重心相较过去已发生了根本变化，为了更为清晰地揭示文献组织与检索的历史演进，有必要首先从源头上对图书馆学教育的专业地位进行反思。

一 图书馆学的专业地位

图书馆学的核心课程是目录学、文献分类与编目、主题标引等。进入 21 世纪后，信息管理专业将图书馆学核心课程中最具方法论性质的内容进行整合和进一步抽象形成一门新的课程，定名为《信息组织》①。文献分类是信息组织课程的基础，也是传统图书馆后台工作的核心。在物理环境中，只要涉及管理，无时无刻不在面临分类实践，像衣柜整理、超市摆架等。但是，它们为什么没有成为一门大学的专业呢？其根本在于这些问题的分类太简单，不足以支撑专业发展所需要的复杂性。文献管理的复杂性在于四点：

第一，资源巨大。与普通产品的有限性不同，全球文献资源的数据量是无限的，而且，众多学科门类和跨学科相互交织，如何对巨大的资源进行科学划分是一门严肃的学问。

第二，动态循环。不同于静态储藏，文献是一项需要长期不断更新流通的资源，如何设计更合适的分类方法对庞大的资源组织、传递和流通，是一项难题。

第三，知识管理。与传统商业服务基于大众管理不同，文献服务面向全人类知识体系。知识具有关联性、语种多元和跨学科性等特点。在无计算机辅助的全人工独立作业背景下，了解各学科基本背景是开展文献分类的基础，其工作门槛相对较高。

第四，长期保存。不同于传统公共物品仅考虑短期的组织，作为人类的知识宝库，文献是一项重要的战略资源，不仅需要便于当前的使用，还需要实现长期的保存，这需要系统化的设计。

正因如此，图书馆学在历史上作为专业赖以存在和发展有其必要性与合理性。不同于依靠分类法和主题法，20 世纪 50 年代中期，年仅 29 岁的美国哥伦比亚大学图书馆学硕士毕业生尤金·加菲尔德洞悉到参考文献是发现文献相互关系的重要渠道，由此开创了利用引文

---

① 戴维民：《信息组织》，高等教育出版社 2009 年版。

索引这一全新的文献组织工具以支持检索。① 引文索引的提出打破了分类法和主题法在图书馆学中的垄断地位。20 世纪 60 年代中期以来，科学引文索引（SCI）在科学评价中的广泛应用加速了其由文献服务走向科学舞台中央的步伐。② 斯莫尔等科学家不断深化和完善与引文相关的术语体系如同被引、文献耦合等概念和方法，③ 进而开创了一门新的学科——引文分析。

综上所述，图书馆学是在文献分类与服务的基础上发展起来的。从职业角度来看，其专业地位不仅体现于文献组织工作的专业性，同时还在于查找文献的复杂性。引文分析则是在索引这一文献组织工具的基础上发展起来的，隶属于文献服务。但由于 SCI 对全球科学家的巨大影响，使得其在 20 世纪 70 年代以后快速发展并分化成为一门相对独立的学科。由于引文分析与本章主旨无关，故下文不做讨论。

二　文献组织的演进

传统文献工作，就是针对图书和期刊进行盘点和排序，通过分类和主题标引等文献组织工具加工形成目录、文摘和索引等二次文献。

---

① Garfield E. , "Citation Indexes for Science: A New Dimension in Documentation Through Association of Ideas", *Science*, Vol. 122, No. 3159, July 1955, pp. 108 – 111.

② Garfield E. , "Citation Analysis as a Tool in Journal Evaluation", *Science*, Vol. 178, No. 4060, November 1972, pp. 471 – 479.

③ Garfield E. , *Citation Indexing: Its Theory and Application in Science, Technology and Humanities*, Philadelphia: ISI Press, 1983; Small H. , "Co-citation in the Scientific Literature: A New Measure of the Relationship Between Two Documents", *Journal of the American Society for Information Science*, Vol. 24, No. 4, July 1973, pp. 265 – 269.

换言之，二次文献的生产、保存和利用是传统图书馆一切工作的中心。从这个意义上说，二次文献是图书馆的生命。它来源于两大方面：（1）面向图书文献形成卡片目录或联机公共目录；（2）面向期刊文献构建文摘或索引。在无计算机管理的背景下，不仅组织编制二次文献异常复杂，同时使用二次文献查找也是一项高度专业化的工作。

文献组织的演进如表 3—1 所示：

表 3—1　　　　　　　　　　　文献组织的演进

对象沿革	实体文献	数字资源	
时代演进	物理环境	网络环境	开放语义环境
工作对象	人	机器	机器
主体目标	编制卡片目录、印刷文摘或索引工具	目录、文摘与索引系统化；获得数字文档全文	系统数据 Web 关联化；获得概念和答案
组织工作	盘点和排序	数字对象数据库存储	语义描述、智能技术
瓶颈问题	标准规范、工序繁杂	信息共享协议 数字标准规范	语义表示与推理 系统交互、开放关联
资源理念	分散且封闭	集中且半开放	集中分散结合，全开放
技术支撑	目录学、分类和主题标引、MARC 编目技术	元数据、Web 工程、数字图书馆技术等	语义网、知识图谱、现代信息检索、机器学习等

资料来源：笔者依据相关文献归纳整理。本表部分内容受到台湾大学吴美美教授论文的启发。[1]

20 世纪 70 年代以后，MARC 技术和计算机数据库技术的发展，

---

[1] 吴美美：《关于网络时代知识组织的几个思考》，《图书资讯科学》2017 年第 1 期。

使得图书卡片目录编制和服务逐步过渡到管理信息系统，开启了传统图书馆工作向现代化作业的转型，同时也为图书馆学的衰落埋下了伏笔。原因在于，第一，由于图书的雷同性，编目工作存在大量重复劳动，而计算机作为重复劳动的天然克星，其大面积应用有利于将图书馆员从繁重的编目劳动中解放出来。第二，如前所述，二次文献是图书馆宝贵的战略资源。计算机的使用意味着一台计算机就是一套目录，只要计算机充足就意味着目录副本是无限的。由此，二次文献的稀缺性将从此消失。第三，计算机检索技术的成熟和产业化应用有利于使馆员从检索服务中解放出来。但从另一面来看，读者在不依赖图书馆员和二次文献的同时意味着馆员赖以生存的职业地位面临瓦解。然而计算机产业技术的落后，电脑硬件和图书管理系统软件价格的昂贵使得上述目标成为障碍。但是，这一格局在我国于 20 世纪 90 年代以后相继被打破。

首先，我国图书馆学家沈迪飞历经三年艰苦攻关于 1991 年成功研制了国产图书管理自动化系统，[①] 使软件价格由 30 多万美元下降到 3 万元左右，为我国图书馆向现代化转型做出了突出贡献。

其次，20 世纪 90 年代万维网和信息共享协议的发明使得网络环境下的共享编目和联合编目成为可能。在 Web 环境下，只要国家图书馆、中国科学院、北京大学等少数文献服务中心实现了编目，其他图书馆就可基于信息共享协议将编目数据本地化。换言之，依赖计算机硬件和编目软件的辅助，编目工作无须学科背景知识即可完成。

最后，21 世纪初以来，谷歌、百度等搜索引擎的普及使得计算

---

① 沈迪飞：《我所亲历的图书馆技术变革（1974—1998）》，《图书馆论坛》2016年第 9 期。

机搜索由大学生场域走向大众生活领域，人人必须依靠搜索引擎。与此同时，计算机产业市场的成熟使得电脑硬件价格逐步为大众所接受，电子产品也由部分拥有发展到人人皆有，由此，图书馆依赖馆员和场所的文献服务彻底瓦解。

从期刊的角度来看，期刊服务经历了文摘—文摘数据库—数字图书馆全文的转变。中国科学院文献情报中心引领了这一实践。首先，我国图书馆学家孟连生历经 10 余年的研究与实践成功研制了中国科学引文索引数据库，[①] 同时为 20 世纪 90 年代后期中国社会科学引文索引（CSSCI）的建设提供了前期经验。随后，张晓林率领团队于 21 世纪初开启了我国的数字图书馆建设，在元数据、数字资源唯一标识符、开源机构库等数字标准规范与服务系统方面开展了大量理论与实践工作，为我国数字图书馆建设跟上全球步伐做出了重要贡献。

进入 2010 年以后，馆藏资源开放关联研究由学术探索逐步走向实践层面。传统编目数据不仅规范复杂，而且无法实现与互联网数据融合，实现数据的开放描述和语义关联成为图书馆学家和计算机科学工作者的共识。W3C 提出的 XML、SKOS 等标准规范为此提供了基础，美国国会图书馆领衔提出的 Bibframe 框架伴随着更多机构的实验参与使得上述工作进展逐步向实用化迈进。[②] 近年来，大数据处理、机器学习和自然语言处理等技术发展迅速为现代信息组织方法体系的创新提供了源泉。

---

① 孟连生：《中国科学引文数据库的建立及其应用前景》，《情报学报》1995 年第 3 期。

② The Library of Congress，"BIBFRAME Model，Vocabulary，Guidelines，Examples，Notes，Analyses"，http：//www.loc.gov/bibframe/docs/index.html.

三　信息检索的演进

"信息检索"一词源于计算机科学，该词由 Calvin Moores 于 20 世纪 50 年代提出。① 历经 60 余年的发展，计算机信息检索已经成为一门成熟的学科。与计算机学科领域关注信息检索原理不同，对于图书馆而言，信息检索就是文献服务。

文献服务是通过二次文献的查找实现一次文献的流通。传统文献服务在计算机网络化时代和数字期刊集团化生产背景下逐渐脱离对二次文献的依赖，转而直接通过数字全文实现。文摘和索引等二次文献在数字时代逐步边缘化。文献检索的演进过程如表 3—2 所示：

表 3—2　　　　　　　　　　　文献检索的演进

比较对象	手工查找	计算机系统辅助检索	数字图书馆系统互联网环境全文检索	
时期	20 世纪 70 年代以前	70—90 年代	90 年代中期以后	21 世纪以后
资源对象	印刷资源	印刷资源	印刷为主印刷数字化	原生数字资源为主
图书查询	目录卡片	图书馆自动化系统	图书馆自动化系统	手机查询+物流配送

---

① ［美］Ricardo Baeza-Yates、Berthier Ribeiro-Neto：《现代信息检索》，黄萱菁等译，机械工业出版社 2012 年版，第 1—15 页。

比较对象	手工查找	计算机系统辅助检索	数字图书馆系统互联网环境全文检索	
文献获取	文摘	文摘数据库	全文数据库	手机获取文献
主导	馆员、专家	馆员为主	读者为主	读者
图书馆场所依赖	阵地服务	阵地服务	半流动服务	全流动服务
技术过渡	手工时代	电脑前期搜索专家化	电脑普及搜索大众化	手机普及搜索移动化

资料来源：笔者整理。

文献检索的上述变化呈现出以下特点：第一，从资源对象来看，用户历经印刷资源—印刷资源数字化—原生数字资源为主的演变；第二，从文献获取来看，图书馆历经馆员主导到读者自主完成的演变，从依赖图书馆场所获取到手机流动获取的演变；第三，从检索使用角度来看，计算机搜索大众化使得图书馆文献服务实现了图书馆专家复杂查找到读者简单检索的转变；第四，从方法论的角度来看，由处理印刷文献过渡到原生数字资源，文献信息处理本质上不是传统图书馆分类和组织方法的延伸，而是跃迁到计算机科学领域的现代信息组织与检索，Web 数据表示语言 XML、语义网、自然语言处理、数据科学和大数据分析等是各类数字资源分类、标引、组织、检索和应用的核心内容。

从产业服务的角度来看，现代信息检索工作由于是建立在科学基础上的专业化服务，一方面，传统图书馆馆员难以胜任；另一方面，专业化促进了规模化生产，加之文献服务产业的垄断利润使得文献数字产业集团在信息社会迅速形成，各类数字资源供应商和技术外包服务商涌入这一市场，为图书馆提供优惠的产品和劳务。实践上我们看到，产业背景下图书馆后台的传统工作已经演变为编目数据和各类全文数据库的集中采购，而过去依赖于图书馆员和图书馆阵地的前台服务则基本瓦解。正因如此，一些研究型图书馆如中国科学院文献情报中心的服务主体已经由资源组织的阵地服务过渡到深度的情报分析服务，即依赖于丰富的数字文献馆藏和专业化的博士团队提供战略情报和学科情报产品，新时代的馆员已经成为事实上的智库工作者和知识管理专家。

总之，图书馆学本质上是源于图书馆的文献组织与查找工作，它们均是为印刷型文献准备的历史产物。自 20 世纪 50 年代至今，一面是传统图书馆学信息组织方法体系由兴盛到步入低潮的转型期；另一面则是现代信息检索由萌芽到成熟的高速发展期。由此观之，计算机学科的成熟和信息服务产业的规模化，是文献服务工作由经验化向科学化的转轨；同时也是传统图书馆工作由职业化到边缘化的来临。这一结论表明，走向科学化的图书馆学不是传统图书馆学步入成熟之时，而更多表现为面向职业的图书馆学衰落之时；从职业角度来看，由于文献工作向文献产业链上游的数字资源供应商和下游的社会大众转移，图书馆实体赖以支撑文献服务的中介作用已经动摇。

◇ 第五节 讨论与启示

综合以上分析，图书馆学科在图书馆迈向现代化发展过程中全球均在持续衰退并遭遇发展困境，这一困境的根源在于：发轫于职业实践的学科土壤以及计算机应用对图书馆实践的改造进而导致相应学科的式微。现实也证实了这一点：20世纪70年代至90年代，美国引发了图书情报教育关门潮，芝加哥大学、哥伦比亚大学等拔尖院校相继退出图情；与此同时，美国、加拿大、英国、澳大利亚等众多西方国家图书情报教育（Library and Information Science, LIS）项目步入21世纪以来均陷入严重的师资和生源规模化不足的发展困境，澳大利亚1996—2005年间师资由130人下降至64人，10年间跌幅高达一半。[①] 依托上述结果，下面笔者结合声望关联模型从高校整体收益的角度进一步阐释图书馆实践对图书馆学教育、邻近学科和整个大学的影响。

一 图书馆声望传导机制与声望拖累效应

根据大学声望关联模型，我们可以得到图书馆声望传导效应模型，如图3—3所示。如第二节所述，职业声望更高的关联性专业和声望更强的大学将有助于提高学生声望，其竞争力更强。然而，在图书馆实践变化导致专业服务瓦解以及馆员职业声望严重不足的背景下，图书馆学传统课程专业性及相应专业声望将持续降低。更重要的是，维持图书馆专业名称不仅导致自身教育效率低下，同时基于专业声望的关联传导机制还会影响相关专业如信息管理与信息系统的专业

---

① Ai Y., Feather J., "Education for Information Professionals in the UK", *International Information & Library Review*, Vol. 39, No. 3, December 2007, pp. 260 – 268；Wilson C. S., Kennana M. A., Willard P., et al., "Fifty Years of LIS Education in Australia: Academization of LIS Educators in Higher Education Institutions", *Library & Information Science Research*, Vol. 32, No. 4, October 2010, pp. 246 – 257.

声望，属于多重效率损失。伴随人工智能产品逐步进入图书馆导致图书馆实践持续简单化，将进一步削弱相应学生和教师的声望，进而加剧其自卑心理，[①] 由此在招生、教学和就业等流程化培养中日益丧失内在动能，进而拖累所在大学、学院和一级学科群的整体声望，使得学科赖以发展的外部环境持续恶化。

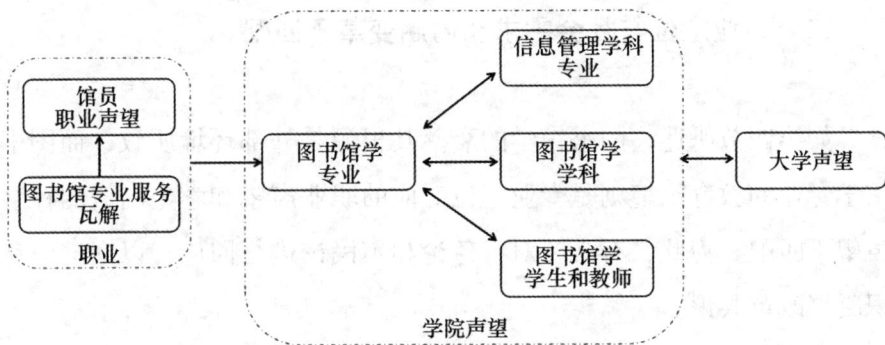

图3—3　图书馆声望传导效应模型

定位理论告诉我们，[②] 某一概念一旦占领大众心智，要想改变大众心智异常困难。换言之，图书馆作为实体的对象、作用及其简单工作认知的刻板印象已经建立且无法消解，而专业发展又必须依赖相应名称向大众推广，因此，只有从名称上与图书馆切割才能避免图书馆实践变化及职业声望对图书馆学教育的高度负向影响。

综上所述，更名既是传承图书馆学的无奈之举，更是提振信息管理家族、所属学院乃至大学声望的理性策略。但在更名中宜坚持以下

---

① 程焕文：《高涨的事业与低落的教育——关于图书馆学教育逆向发展的思考》，《中国图书馆学报》2001年第1期。

② ［美］里斯、特劳特：《定位》，王恩冕译，中国财政经济出版社2002年版，第21—34页。

原则：第一，优先考虑名称关联的职业声望及其职业覆盖对专业可持续发展的影响；第二，尽量兼顾图书馆学科发展的规律性和我国图情教育改革的历史传承性；第三，力求学科改革全局一盘棋，保证变革的相对稳定性。提倡系名、专业名和骨干课程名调整的全国改革统筹，反对自我主义和频繁更名等损害学科公共声誉的非理性行为。

二 专业定位与社会需求和内涵变革不匹配

如第四节所述，图书馆学的衰落其根源是外部环境所致，而图书馆学专业的教育困境则是专业定位对应的职业声望和学生渴望的社会声望不匹配。为此，有必要对特色论和殖民论进行回应，以期澄清认识凝聚改革共识。

第一，特色既不是竞争力的充分条件，也不是必要条件。高校学科的特色需建立在有竞争力的基础上，而有特色未必会有竞争力，市场时代的专业竞争力既可能来自于规模，也可能来自于特色。现代大学的专业发展是基于市场供求这一内在主线来贯穿的。对于研究型大学而言，基于"中高端—规模—特色"才有可持续发展。中高端是基础，只有坚持中高端定位才能适应社会需要形成规模效益，规模一旦超过市场需求才有必要进一步分化形成特色，通过不断打破供求平衡保证竞争优势。下面结合图书馆学专业来看。首先，图书馆学特色是建立在低端化、规模小和入口难的传统计划经济办学的基础上的，当前名称不仅难以吸引优秀学子报考，同时限制了既有学生的多元职业选择，历届一些学生在面对图书馆单一求职困境时主动向一线教师提出了更名的诉求，部分学生甚至考虑到教师压力提出"哪怕不实施课程改革仅仅只是专业名称更改"的强烈祈盼。事实上，不改名的直接后果是内涵改革无法有效推进。伴随着信息时代成熟导致图书馆事业的转型，传统核心课程体系单一化和加速老化的困境日益突出；与此同时，与学科相关的现代科学课程和跨学科理论课程不断走向成熟。一些高校探索将更能体现科学性、时代性和跨学科理论交融的前置课程纳入到图书馆学人才培养体系中要么受到学科固有传统的质疑，要么只能作为选修课程以边缘课程设计。学生在专业名称和选修制度的双重约束下对上述课程缺乏足够认同和重视，进而使得相关课程改革对提升人才培养质量的效果难以有效体现，专业内涵改革步履维艰。课程内涵建设的不足进一步制约了研究内涵的提升。图书馆学在研究内涵上呈现出低端的规模化，即"低端—规模大—特色（相较其他学科是特色，对于图书馆内部则是职业化和同质化）"。图书情报学高被引论文研究表明，影响本学科更广泛的论文集中在图书馆职业内容和概念主题而不是信息组织、检索与文献计量学等更具竞争力的普适性主题，上述主题结构的失衡表明围绕中高端主题内容的规模和学术梯队建设不足，其限制了学科的整体竞争力。综上所述，在招生、就业和内涵改革均受到名称制约的背景下，图书馆学的学生自我认同、专业培养质量和社会声望均受到明显制约。

第二，殖民论的实质是同质化，但更本质是信息时代图书馆学人及其传承者的正常升级。以得克萨斯大学奥斯汀分校为例，[①] 其升级路线是图书馆学院（1948 年）—图书情报学院（1980 年）—信息学院（2003 年），与我国的图书馆学之母武汉大学有共通之处。信息管理与信息系统专业的成功从实践上证明了更名的突出意义以及图书馆

---

① Roy L. , Simons R. N. , "Tradition and Transition: The Journey of an iSchoolDeep in the Heart of Texas", *DESIDOC Journal of Library & Information Technology*, Vol. 37, No. 1, January 2017, pp. 3 – 8.

学核心课程的重要价值，同时也表明机构等职业定位对专业发展的限制。其历史功绩一方面在于它通过扬弃实现了图书馆学的平稳传承；另一方面，也给图书馆学今天的改革提供了宝贵的启示。

三　图书馆学教育变革的形式与内涵

面对图书馆学专业在重点大学极低的社会声望及由此带来的信息学科群声望拖累效应，必须坚定不移地推进图书馆学专业定位改革，同时结合学科自身发展规律和高等教育要求实施中高端定位战略。

实施中高端定位包含名称和内涵两方面。在我国情报学着手探索走军民融合定位的当下，[①] 将图书馆学更名为信息资源管理是可能的变革方案。相比文献信息学、知识管理等专业名称，信息资源管理一方面兼顾了我国图书情报教育既有改革的传承性，同时重点考虑了该名称关联的潜在职业声望及其职业覆盖面；另一方面能够与情报学和图书情报专业硕士形成一定区分，通过淡化图书馆机构将学科内容拓展到广阔的信息层面。[②] 从竞争力来看，它一方面避免了图书馆机构造成公共营销的失败和内涵化发展的掣肘，另一方面又主动适应信息社会促进学科由封闭向开放转型，有利于促进图书馆学师资结构优化。

具体就培养层次而言，本科阶段停办图书馆学教育，以举办与时代要求和大学声望相适应的本科专业为目标，集中力量办好信息资源管理专业，响应市场需求努力实现规模效益。本科专业骨干课程在继

---

① 中国科学技术情报学会、中国社会科学情报学会：《情报学与情报工作发展南京共识》，《图书情报知识》2017 年第 6 期。

② 陶俊：《信息管理一级学科的变革路径研究》，《图书情报工作》2013 年第 9 期。

承已有信息组织相关课程体系的同时，稳步融入现代信息检索、数据科学导论、数据可视化、地理信息系统、大数据分析与挖掘等方法，结合院系特色吸纳社会学概论、经济学原理、行为科学和公共政策等社会科学的基础原理课程提升学科理论化水平，促进学科形成开放复合型的知识体系。研究生层次以丰富专业内涵为重点，通过压缩图书馆学专题课程增设社会和政策信息学等相关专题理论和方法课程，形成文献信息学、社会信息学、政策信息学等多元学术方向，科学研究上明确区分科学学位和专业学位：前者强调以理论、方法和应用创新为核心着力提升研究的学术性；后者以图书情报专业硕士为公共窗口进一步扩大规模突出职业定位特色，强化应用实践研究和管理案例教学，着力培养图书馆等信息机构战略管理、情报分析、数据管理和文献修复等中高端职业人才。

◇◇ 第六节　结论

究竟是什么因素导致了图书馆学的生存困境？为什么计算机应用的成熟会导致图书馆学教育竞争力的根本削弱？为什么仅实施课程改革而不推进专业定位改革难以治理专业发展危机？为什么文献服务工作连续简单化会影响信息管理学科群的整体竞争力？以上内容不仅是图书馆学教育者关心的重要问题，同时对认识信息管理学科群的整体竞争力意义重大。本章基于社会学的声望理论构建了大学声望关联模型和图书馆声望传导效应模型，依托该模型揭示了图书馆实践的变化与图书馆学教育和信息管理学科群的关联逻辑。研究基于近 70 年来全球图书馆实践变化阐释了图书馆文献组织与服务工作由专业化到逐步简单化的演进过程，同时结合声望模型回答了上述实践过程对图书馆学教育声望的关联传导机制，进一步揭示了图书馆学声望日益低下对信息管理学科群和一流高校师生的声望拖累效应。基于上述发现，研究澄清了更名论、特色论和殖民论是导致图书馆学教育危机的认识误区，提出促进科学学位和专业学位相分离并以信息资源管理名称重构科学课程体系和丰富研究内涵三位一体的变革路径。当然，本书也存在不足之处：首先，作为一项理论研究，本书主要从理论上论证了职业声望与专业教育之间的关联，但在系统性的数据上缺乏更多实证检验；其次，本书仅选取了图书馆实践中的文献组织与检索这一维度考察，而对影响专业竞争力的其他实践考察有所不足。上述不足之处将在未来的研究中加以弥补。

与相关研究相比，本章的贡献在于揭示图书馆及其文献工作变化所形成的职业声望对包括图书馆学教育在内的信息管理学科群的竞争力影响。本章的研究过程与图书馆实务者阐述数字图书馆实践演变存在一定关联性[1]，但相关研究分析的重点在于上述演变对未来职业实践的影响，而本章旨在从理论上回答实践演变下职业声望的动态变化对信息管理学科群的竞争力影响。与馆员职业声望研究相比[2]，本章的不同在于依托文献工作边缘化和图书馆声望传导模型揭示职业声望变化造成包括图书馆学在内的多重主体的声望损失。换言之，本章强调的是专业定位形成的职业声望对专业声望的关联传导机制并基于该

---

① 张晓林：《颠覆数字图书馆的大趋势》，《中国图书馆学报》2011 年第 5 期；张晓林：《数字图书馆机制的范式演变及其挑战》，《中国图书馆学报》2001 年第 6 期。

② 王翩然、徐建华、李盛楠：《我国图书馆员社会声望变迁研究》，《图书与情报》2018 年第 2 期；徐建华、王伟、俞碧飏：《专业教育对未来职业者图书馆员刻板印象的影响分析》，《图书与情报》2013 年第 2 期。

机制所带来的多重效率损失。与专业定位在浅层次上是一种教育行为的认识不同，本章指出，专业定位在深层意义上是一种社会分层机制：图书馆名称及其核心业务的持续简单化形成的较低社会声望会从根本上限制图书馆学教育在重点大学的吸引力并制约内涵改革的实施，而且还会进一步拖累信息管理学科群的教育声望进而损害整体竞争力。从这个意义上说，重点大学的专业改革应有助于提高利益相关者的社会地位并促进内涵式发展。

回望40年来我国图书馆教育与实践史，每一个关心图书馆事业发展的人或许会涌起一丝惆怅，但笔者更对图书馆学人锐意进取的执着精神心潮澎湃：图书馆学是一个群星闪耀且兼具历史底蕴的学科，在图书馆学博士点争取、图书馆学教育改革、图情档一级学科成立、图书管理自动化系统攻关、中国科学引文索引研制、数字图书馆建设、公共文化与阅读推广实践等重大历史时刻无不闪动着图书馆学人的身影，无不凝聚着他们的智慧和汗水，一大批图书馆学家为我国的现代化事业挥洒了青春热血，为图书馆学科争得了地位和荣誉。面向未来，作为新一代青年学者，我们有义务更有责任将图书馆学教育事业在信息时代传承和发扬光大。

第四章

体裁、社会效应与学术竞争力

——图书情报学科高被引论文内容结构考察

◇ 第一节 引言

改革开放以来，图书情报（简称"图情"，下同）学科之学科竞争力受到一代又一代学者的持续关注。[①] 在公平竞争的开放环境下，一个学科能否在高校中生存和发展，取决于专业育人质量和科研创新价值水平。伴随着新一届政府推动以释放市场活力为导向的各项事业改革，新一轮高等教育改革已经拉开帷幕。在此背景下，图情学科竞争力再度引起教育界的普遍关注。作为学科竞争力的两大表现之一，学术竞争力与专业竞争力一样，也成为学者们密切关注的对象。梳理学术史可以发现，虽然对学术竞争力不足的原因多

---

① 张晓林：《应该转变图书馆研究的方向》，《图书馆学通讯》1985 年第 3 期；苏新宁：《提升图书情报学学科地位的思考——基于 CSSCI 的实证分析》，《中国图书馆学报》2010 年第 4 期；于鸣镝：《中国图书馆学的学科地位何以低下？》，《图书馆杂志》2003 年第 11 期；金武刚：《图书馆学的"有为""无位"困境研究——兼论图书馆学的学术营销》，《图书与情报》2007 年第 3 期。

有争议，但学术竞争力不足却是一个不争的事实。[①] 然而，迄今有关学术竞争力不足的争论都不同程度地忽视了对图情论文内容结构的实证测度，而将更多的关注点放在引文特征、论文产量和研究方法等的文献计量上以及竞争力不足的理论争鸣上。理论争鸣在促进研究向纵深发展的同时因缺失实证检验使得百家观点众说纷纭，莫衷一是；引文特征、论文产量和研究方法等实证研究的相继跟进则弥补了理论研究的不足，[②] 但是忽视对论文内容结构的考察使得我们不能进一步深入理解学术竞争力不足对学科未来发展的深层次制约，也无法说明为什么需要改革以及推进学科改革的重心在哪里。本章试图借助图情高被引论文的内容结构特征来揭示学术竞争力不足的深层次原因，并在此基础上，尝试性地回答导致图情学术竞争力不足的根源。

本章的创新贡献主要表现在：第一，方法创新。本章从高被引所体现的学科主体引用行为角度来获得揭示学科内容特征的样本，并依托学术竞争力模型开展内容结构分析。第二，理论观点创新。本章在探索学术竞争力不足相关因素的基础上进一步指出，职业化是导致图情学术竞争力不足的根源，这是传统实证观点所忽视的。

---

① 苏新宁：《提升图书情报学学科地位的思考——基于 CSSCI 的实证分析》，《中国图书馆学报》2010 年第 4 期；金武刚：《图书馆学的"有为""无位"困境研究——兼论图书馆学的学术营销》，《图书与情报》2007 年第 3 期；叶继元：《图书情报与档案管理学科未来五年重点研究领域与选题——〈高校哲学社会科学管理学部图书情报与档案管理学科战略规划研究报告〉解读》，《中国图书馆学报》2012 年第 1 期。

② 赵星、谭旻、余小萍等：《我国文科领域知识扩散之引文网络探析》，《中国图书馆学报》2012 年第 5 期；刘宇、叶继元、袁曦临：《实证缺失的中国图书馆学研究》，《中国图书馆学报》2009 年第 4 期；张力、唐健辉、刘永涛等：《中外图书情报学研究方法量化比较》，《中国图书馆学报》2012 年第 2 期。

◇◇第二节　理论基础

竞争力是一个十分复杂的概念。社会科学家对此提供了多种理论解释。社会学理论认为，社会不平等形成有价值物的分配。社会地位越高，有价值物分配越多，表明越有竞争力。[①] 经济学家则强调市场效率是形成竞争力的来源，[②] 即在给定技术和稀缺资源的条件下，生产符合市场需求的最优质量和最多数量的商品及其服务组合即表现为有竞争力。管理学家则强调了资源要素是竞争力形成的重要方面——[③]所谓竞争力就是有效使用人力资源、物质资源和组织资源等的能力。上述理论表明，竞争力与地位、价值、效率和资源要素等相关。

根据以上定义，学术竞争力表现在以下三个方面：（1）在学术市场竞争中具有获取更多人力、物质等各类资源要素的能力；（2）具备盘活资源要素并展现更高发展活力的能力；（3）在学术资源稀缺条件下，具备生产更优质量和更多数量的理论与应用成果的能力。其中（1）为资源要素指标，（2）为资产管理指标，（3）为效率指标。上述三大指标互为影响却强弱有别，表现在竞争作用上三者依次递增，效率指标作用最强。结合前述竞争力相关要素的提炼，笔者绘制了学

[①] David Popenoe, *Sociology*, New York: Pearson Education, Inc., 2000, pp. 192 – 193.

[②] Paul A. Samuelson, William D. Nordhaus, *Economics*, New York: The McGraw-Hill Company, 2010, pp. 3 – 5.

[③] Barney J., "Firm Resources and Sustained Competitive Advantage", *Journal of Management*, Vol. 17, No. 1, March 1991, pp. 3 – 10.

术竞争力模型，如图4—1所示。

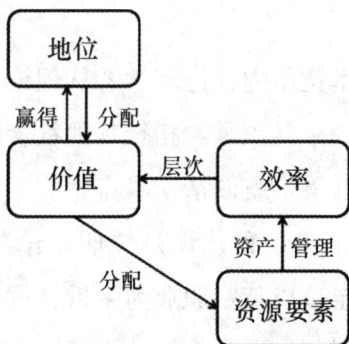

图4—1 学术竞争力模型

上述模型的逻辑关系如下：从外在表象刻画来看，资源要素和地位分别是学术竞争力的逻辑起点和终点。资源要素越多，资产管理能力越强，产出效率越高；知识创新的层次越高，创造公共价值的潜力越大；价值贡献越大，越可能享有社会地位。反过来，地位越高，承担的潜在责任越大，获得优质资源要素的机会也越多。从内在本质刻画来看，学术竞争力的核心是效率，内涵目标是公共价值的创造。

◈ 第三节 文献述评

由于本章是基于内容结构来研究我国图情学术竞争力问题的，所以下面的文献综述围绕图情学术竞争力不足的成因和图情内容结构的研究进展两部分展开。

一 图情学术竞争力不足的成因

关于我国图情学术竞争力，许多学者从理论和实证两方面开展了研究。他们所达成的一个共识是：相较其他社会科学，我国图情学术竞争力相对不足甚至低下。就图情学术竞争力不足的原因而言，理论界存在三种重要认识。第一种认识是"职业论"[①]，认为学术竞争力不足源于我国图情之定位以特定职业为主旨，这与科学研究透过现象看本质、追求理论创新的科学精神不匹配；第二种认识是"方法论"[②]，认为我国图情研究缺乏科学问题意识，[③] 且中上层基础理论意识薄弱，缺乏能指导实践的科学理论，[④] 进而形成了以现实经验性描述和理想图景勾画为主的研究格局，[⑤] 理论逻辑和实证观察相结合的科学范式相对不足；[⑥] 第三种认识是"结构论"，认为学科在包括信息组织、信息检索和文献计量学等彰显学科特色的核心主题方面相较

[①] 陶俊、王传清：《信息管理学科整合的变革路径研究》，《图书情报工作》2014年第14期。

[②] 刘宇、叶继元、袁曦临：《实证缺失的中国图书馆学研究》，《中国图书馆学报》2009年第4期；张力、唐健辉、刘永涛等：《中外图书情报学研究方法量化比较》，《中国图书馆学报》2012年第2期。

[③] 白君礼：《图书馆学研究中问题意识摭拾》，《中国图书馆学报》2012年第5期；肖希明：《图书馆学研究要以问题为导向》，《图书馆》2005年第1期。

[④] 陶俊、王传清：《信息管理学科整合的变革路径研究》，《图书情报工作》2014年第14期。

[⑤] 邱伍芳：《中国图书馆学应进一步弘扬实证研究》，《中国图书馆学报》2008年第1期。

[⑥] 徐建华、李超：《莫让规范化的实证研究在当今图书馆学研究中缺位——"当代图书馆员快乐指数"研究的启示》，第五次全国图书馆学基础理论研讨会论文，重庆，2007年11月，第81—86页。

其他主题规模不足。① 作为学术传承与创新的基石，上述研究是提升学术竞争力的关键所在，但现实研究却热衷于概念炒作、宽泛理论研究和职业工作话题等，② 存在一定的理论与实践相脱节的现象，③ 表现出主题结构及相应人才结构的失衡。以上三种认识是互补的，它们从多种维度反映了学术竞争力在效率质量指标上的不足。

除理论研究外，一些学者从实证方面开展了多视角的研究。苏新宁④、赵星等⑤分别以 CSSCI 和 CNKI 的引文数据为样本，将图情置于整个社会科学领域进行比较，他们均发现本学科的引文规模在社会科学领域处于中游水平，进而得到学科在整个人文社会科学领域是有活力的。无独有偶，金武刚通过统计 CSSCI 数据库 1998—2004 年的发文量发现，⑥ 图情的论文产量居第 5 位，排在文学、历史学等基础人文学科之前，经济学、教育学、管理学、政治学等社会科学学科之后，同样证实了图情学科的活力。上述结果显示出学

① 陶俊、王传清：《信息管理学科整合的变革路径研究》，《图书情报工作》2014年第 14 期。

② 苏新宁：《提升图书情报学学科地位的思考——基于 CSSCI 的实证分析》，《中国图书馆学报》2010 年第 4 期；于鸣镝：《中国图书馆学的学科地位何以低下?》，《图书馆杂志》2003 年第 11 期；张晓林：《与时俱进，让学科之树常青》，《图书情报工作》2003 年第 3 期。

③ 黄红华、周佳贵：《图书馆学理论的使命与担当——第六次全国图书馆学基础理论研讨会综述》，《中国图书馆学报》2012 年第 3 期。

④ 苏新宁：《提升图书情报学学科地位的思考——基于 CSSCI 的实证分析》，《中国图书馆学报》2010 年第 4 期；苏新宁：《图书馆、情报与文献学学术影响力研究报告（2000—2004）——基于 CSSCI 的分析》，《情报学报》2006 年第 2 期。

⑤ 赵星、谭旻、余小萍等：《我国文科领域知识扩散之引文网络探析》，《中国图书馆学报》2012 年第 5 期。

⑥ 金武刚：《图书馆学的"有为""无位"困境研究——兼论图书馆学的学术营销》，《图书与情报》2007 年第 3 期。

科在效率的数量指标上具备部分竞争优势，但同时上述多位学者又从地位和资源要素的现实差距指出本学科竞争力不足：一是一级学科在管理学科家族中缺乏学科地位；[①] 二是国内三大重要的人文社科二次文献中的《新华文摘》和《中国社会科学文摘》几乎没有转载过本学科的文章；[②] 三是在国家社会科学基金中，本学科在社会科学家族中长期处于弱势地位（图书馆学、情报与文献学主体隶属社会科学），[③] 区别于基础人文学科。依同类原则，其与社会科学比较更具合理性。国家社会科学基金中隶属社会科学门类的学科包括社会学类（社会学和人口学）、政治学、法学、经济类（理论经济、应用经济和统计学）、管理类（包括管理学和图书馆、情报与文献学）、新闻与传播学。其中，人口学与社会学、统计学与经济学立项题目趋同，按同族学科处理。国家社会科学基金项目数据库显示，2013—2015 年图书馆学、情报与文献学平均立项数为 149 项，居于新闻学与传播学（146 项）之前和政治学（178 项）、社会学（338 项）、法学（371 项）、管理学（385 项）和经济学（634 项）之后。由于新闻学与传播学 2013 年数据不完整，以上数据是 2014 年和 2015 年的均值。事实上，项目数据与队伍规模相关，故将项目数据与学科队伍平均或加权汇总更具比较意义，单纯以绝对数据难以反映学术竞争力的强弱。

---

① 叶继元：《图书情报与档案管理学科未来五年重点研究领域与选题——〈高校哲学社会科学管理学部图书情报与档案管理学科战略规划研究报告〉解读》，《中国图书馆学报》2012 年第 1 期。

② 苏新宁：《提升图书情报学学科地位的思考——基于 CSSCI 的实证分析》，《中国图书馆学报》2010 年第 4 期。

③ 金武刚：《图书馆学的"有为""无位"困境研究——兼论图书馆学的学术营销》，《图书与情报》2007 年第 3 期。

相较上述维度的实证观察，更重要的是效率的质量指标测度。这方面的研究集中在对论文研究方法的实证考察上。刘宇等人选取7种图情核心期刊1年的数据，定性判断论文的研究方法类型，统计发现我国图情学者之定性研究占比为84%，进而得到定量和实证研究比例较低的结论。[①] 张力等人选取国内3种图情核心期刊、以每年两期共计10年的数据进行考察，发现我国图情研究以定性为主，证实了缺乏定量和实证研究方法，[②] 与刘宇的结论不谋而合。

二　图情内容结构的研究进展

国内探索图情内容主要围绕热点主题展开，而较少关注内容结构问题，其主要方法包括关键词、共词、作者同被引和耦合等，总体反映的是热点宏观内容或核心人物主题，与本章侧重于学科主体内容及其结构考察的目标有别，因篇幅所限不展开论述。下面重点介绍国际方面的内容结构进展，可从队伍、主题和方法三个角度来考察。

（一）队伍结构

作为一门实践性强的学科，馆员和图情学者谁在主导图情学科的发展呢？2015年，W. H. Walters分析了31种SCI/SSCI图情期刊论文的人员构成。结果显示，2007—2012年间馆员和图情系师生的贡献比

---

① 刘宇、叶继元、袁曦临：《实证缺失的中国图书馆学研究》，《中国图书馆学报》2009年第4期。

② 张力、唐健辉、刘永涛等：《中外图书情报学研究方法量化比较》，《中国图书馆学报》2012年第2期。

重分别为23%和31%，[①] 而20世纪80年代初馆员的论文贡献却高达60%左右。[②] 事实上，馆员的贡献正在逐步下降已得到多项研究证实。[③] S. C. Finlay 将 2011 年与 1962 年相同期刊等效对比发现，[④] 曾由馆员创下的 52% 的主体贡献已下降到不足 1/3；与此相伴的是论文引用率的差距，在 4646 篇论文中，馆员论文的篇均引用为 3.2 次，较非馆员低 4.8 次。

（二）主题结构

队伍结构的情况会在期刊和论文主题结构上得到反映。T. Nisonger 等于 2005 年调研了美国图情系主任和研究图书馆学会各馆长对各自领域认可的期刊声望排名。[⑤] 学术界位居第 1、3、5 位的 *Journal of the Assocation for Information Science and Technology*（*JASIST*）、*Li-*

① Walters W. H., Wilder E. I., "Disciplinary, National, and Departmental Contributions to the Literature of Library and Information Science, 2007 – 2012", *Journal of The Association for Information Science and Technology*, Vol. 67, No. 6, June 2016, pp. 1487 – 1506.

② Watson, Paula D., "Production of Scholarly Articles by Academic Librarians and Library School Faculty", *College and Research Libraries*, Vol. 46, No. 4, July 1985, pp. 334 – 342.

③ S. Craig Finlay, Chaoqun Ni et al., "Publish or Practice? An Examination of Librarian's Contributions to Research", *Libraries and the Academy*, Vol. 13, No. 4, October 2013, pp. 403 – 421; Wiberley Jr. SHurd J., Weller A., "Publication Patterns of U. S. Academic Librarians from 1998 to 2002", *College & Research Libraries*, Vol. 67, No. 3, May 2006, pp. 205 – 216; Christian Schloegl, Wolfgang Petschnig, "Library and Information Science Journals: An Editor Survey", *Library Collections, Acquisitions & Technical Services*, Vol. 29, No. 1, March 2005, pp. 4 – 32.

④ S. Craig Finlay, Chaoqun Ni et al., "Publish or Practice? An Examination of Librarians Contributions to Research", *Libraries and the Academy*, Vol. 13, No. 4, October 2013, pp. 403 – 421.

⑤ Nisonger Thomas E., Davis Charles H., "The Perception of Library and Information Science Journals by LIS Education Deans and ARL Library Directors: A Replication of the Kohl-Davis study", *College & Research Libraries*, Vol. 66, No. 4, July 2005, pp. 341 – 377.

brary and Information Science Research（*LISR*）、*Journal of Documentation*（*JD*）在实务界的排名却分别跌到第 7、20、20 位。最近的期刊声望调查同样验证了这一判断。[①] 这一结果表明，图情实务界和学术界的研究兴趣迥然有别：K. Blessinger[②] 和 S. C. Finlay[③] 先后对 1994—2004、2006—2011 年间图情期刊进行调查发现，馆员主要从职业出发撰写以实践工作为主题的论文，强调图书馆服务工作，而高校学者则侧重于信息搜寻、使用、检索和健康信息学等普适性更强的学术议题。这一结论得到了多项实证结果的支持。[④] F. Aström、E. Yan 相继对 1990—2004、2001—2011 年间的研究主题进行分析发现，信息计量学和信息检索是国际图情研究的两大中心。[⑤] 此外，信息系统与技术、健康信息学在过去 11 年同样极为流行。[⑥] 与我国期刊主要面向图情所不同的是，国际期刊在坚守图情的同时高度依赖图情以外学者们的贡献：一项对 31 种图情期刊的调查显示，46% 的论文均出自非图

---

① Laura Manzari, "Library and Information Science Journal Prestige as Assessed by Library and Information Science Faculty", *The Library Quarterly*, Vol. 83, No. 1, January 2013, pp. 42 – 60.

② Kelly Blessinger, Michele Frasier, "Analysis of a Decade in Library Literature: 1994 – 2004", *College & Research Libraries*, Vol. 68, No. 2, March 2007, pp. 155 – 170.

③ S. Craig Finlay, Chaoqun Ni et al., "Publish or Practice? An Examination of Librarians Contributions to Research", *Libraries and the Academy*, Vol. 13, No. 4, October 2013, pp. 403 – 421.

④ Erjia Yan, "Research Dynamics, Impact, and Dissemination: A Topic-level Analysis", *Journal of the Association for Information Science & Technology*, Vol. 66, No. 11, 2015, pp. 2357 – 2372.

⑤ Fredrik Aström, "Changes in the LIS Research front: Time-sliced Cocitation Analyses of LIS Journal Articles, 1990 – 2004", *Journal of the American Society for Information Science and Technology*, Vol. 58, No. 7, May 2007, pp. 947 – 957.

⑥ Erjia Yan, "Research Dynamics: Measuring the Continuity and Popularity of Research Topics", *Journal of Informetrics*, Vol. 8, No. 1, January 2014, pp. 98 – 110.

情领域的作者。[①]

（三）方法结构

主题结构的差异又与研究方法紧密相关。尽管国际期刊均注重研究方法，但是，学术期刊较职业期刊对研究方法有着更为高级而广泛的要求。从 20 世纪的文献耦合与共词、同被引与作者同被引[②]，到 21 世纪的共现与可视化[③]、结构方程模型[④]和潜在狄利克雷模型[⑤]等，研究方法的进化成为支撑国际图情学术发展的轴心。H. Chu（储荷婷）教授梳理了 *JASIST*、*LISR* 和 *JD* 三种期刊 2001—2010 年的各类研究方法，给我们描绘了国际一流学术期刊的方法结构。[⑥] 上述三种维度的

---

① Walters W. H. , Wilder E. I. , "Disciplinary, National, and Departmental Contributions to the Literature of Library and Information Science, 2007 – 2012", *Journal of the Association for Information Science and Technology*, Vol. 67, No. 6, June 2016, pp. 1487 – 1506.

② Howard D. White, Katherine W. McCain, "Visualizing a Discipline: An Author Co-citation Analysis of Information Science, 1972 – 1995", *Journal of the American Society for Information Science*, Vol. 49, No. 4, April 1998, pp. 327 – 355.

③ Loet Leydesdorff, Liwen Vaughan, "Co-occurrence Matrices and Their Applications in Information Science: Extending ACA to the Web Environment", *Journal of the American Society for Information Science and Technology*, Vol. 57, No. 12, October 2006, pp. 1616 – 1628; Chaomei Chen, "Predictive Effects of Structural Variation on Citation Counts", *Journal of the American Society for Information Science and Technology*, Vol. 63, No. 3, March 2012, pp. 431 – 449.

④ Yunfei Du, "A Review of Structural Equation Modeling and Its Use in Library and Information Studies", *Library & Information Science Research*, Vol. 31, No. 4, December 2009, pp. 257 – 263.

⑤ Cassidy R. Sugimoto, Daifeng Li, Terrell G. Russell, "The Shifting Sands of Disciplinary Development: Analyzing North American Library and Information Science Dissertations Using latent Dirichlet Allocation", *Journal of the American Society for Information Science and Technology*, Vol. 62, No. 1, January 2011, pp. 185 – 204.

⑥ Heting Chu, "Research Methods in Library and Information Science: A Content Analysis", *Library & Information Science Research*, Vol. 37, No. 1, January 2015, pp. 36 – 41.

经验事实表明，以美国为代表的国际图情研究具有鲜明的学术导向，这也得到了英国方面的确认，[①] 这反映出国外图情的学术质量较国内更优。

上述研究为理解我国图情学术竞争力不足提供了重要启示，本章的写作思路正是在以上学者们的共同启发下逐步展开的。但是既有研究仍然存在三点不足：其一，已有研究从引文的角度开展实证研究不少，但对更为重要的效率质量指标关注较少；其二，已有效率质量指标测度的成果主要从研究方法等角度来展开，而忽视了反映论文质量的科学要素和社会价值要素等更为深入的微观内容层次；其三，以上质量研究基本以重点期刊（核心期刊、SCI/SSCI）的抽样反映核心内容特征，在如何以其他抽样实现透视学科主体特征方面存在部分缺憾。正是基于以上考虑，本章将以业界频繁引用形成的高被引论文作为表征图情学科主体科研特征的样本，并从科学要素和社会价值角度开展实证研究。

◇ 第四节　研究设计

一　思路与方法

本章包含两条紧密联系的线索：一是基于样本内容主题和引文规模的外在刻画；二是基于学术竞争力模型展开的内在剖析。最终，基

---

① John Feather，"LIS Research in the United Kingdom：Reflections and Prospects"，*Journal of Librarianship and Information Science*，Vol. 41，No. 3，August 2009，pp. 173 – 181.

于"职业结构"特征实现学术竞争力不足的总体评价。研究思路如图4—2所示。关于选取高被引论文作为样本的适用性见本节第二部分。

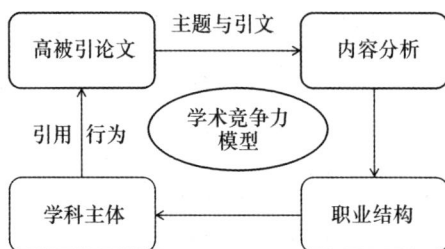

图4—2 本章研究思路

本章采用内容分析法对样本进行编码。为了获得内容分析框架，笔者首先对第二节学术竞争力模型进行了微观拓展，得到学术竞争力微观模型，如图4—3所示。其理论依据如下：

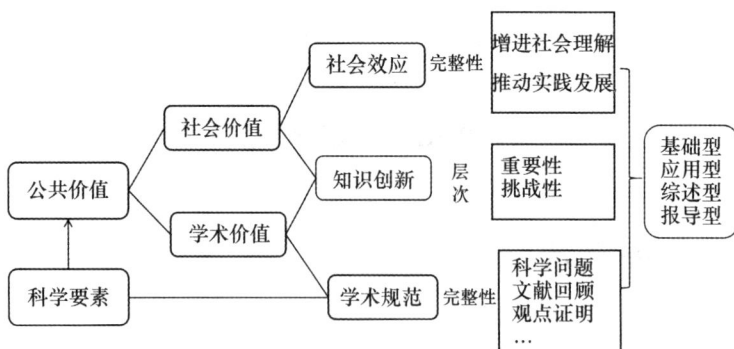

图4—3 学术竞争力微观模型

如第二节所述，学术竞争力的内涵目标是凝结在科学产品中的公共价值创造。科学产品的公共价值需建立在科学基础之上，这是严肃的学术期刊区别于大众媒介传播知识的本质。一篇论文的公共价值均包含以科学要素为前提的学术价值和以社会效应为现实表现的社会价值两个尺度；知识创新是公共价值的内涵要素，它既是学术价值的终点又是社会价值的起点。

认识世界是改造世界的先导。依此逻辑，较推动实践发展而言，科学研究的社会效应首先表现在增进对自然现象和社会规律的认识上，科学家将这一过程称为"寻求真实"①。科学中的真实必须同时得到理论逻辑和实证观察两方面的支持才能成立。学术规范是理论与实证两要素得以落实的技术保障。一项完整的科研活动须由"科学问题—理论与假设（文献回顾）—研究方法—证实与证伪—结论—参考文献"等学术规范构成。②

如前所述，科研最能体现内涵价值的是知识创新。但作为拔尖指标，公认的知识创新具有首创性和挑战性，其独特价值无法客观评价，故首先须剥离知识创新（挑战性）。在新的条件下，一篇论文的价值可从学术规范和社会效应的完整性以及内容层次（重要性）三个角度来评价。从现实样本来看，由于学术规范基本不够完整，为了尽量减少主观分歧同时又能够增进内容分析的力度，本章最终选取了文献回顾、科学问题和观点证明三个最为基础的核心指标来检验学术规范，在此基础上来评价样本的社会效应和内容特征。

为了融合学术规范、社会效应和内容特征以实现多维交叉透视，

---

① ［美］艾尔·巴比：《社会研究方法》，邱泽奇译，华夏出版社 2009 年版，第 6 页。

② 马庆国：《管理科学研究方法与研究生学位论文的评判参考标准》，《管理世界》2004 年第 12 期。

本书引入了体裁的概念。所谓体裁，就是基于研究目标和学术规范差异形成的不同研究类型。不同学科在类型的微观细分上有所差别，但无论是社会科学还是自然科学等均习惯上约定基础型、应用型和综述型三种主要类型。笔者在尊重传统的基础上结合本章主旨引入了报导型。四者区别如下：基础型以基本科学考察为目标，以寻求一般性的原理或理论来解释社会现象；应用型以完成产品开发或现实决策为目标，试图在立竿见影的现实背景中探索基础知识的应用价值。① 二者分别侧重于回答"为什么"和"如何做"。除研究目标有所不同外，它们在学术规范上均包含完整的科学要素。综述型是围绕某一主题对基础型和应用型成果做历史性回顾。本章将不包含文献回顾、科学问题和观点证明三要素的论文称为报导型。作为一项综合指标，体裁在一定程度上既能反映学术规范的层次，又能刻画社会效应的层次。

二 高被引论文作为样本的适用性

本章的根本目标是考察学科总体队伍的科研特征，进而评价整体学术竞争力，其包含两项子目标：一方面要刻画学科的主体内容结构特征，另一方面要能反映学科的一般科研行为。传统基于核心期刊的随机抽样揭示的是学科核心群体特征，尽管实现了对主体内容特征的刻画，但却遗漏了构成学科总体并为学科做出独特贡献的大量非核心作者。事实上，单从引用贡献一项来看，无数非核心作者通过引用核心论文为核心期刊中的少数论文得以

① Natsuo Onodera, Fuyuki Yoshikane, "Factors Affecting Citation Rates of Research Articles", *Journal of the Association for Information Science and Technology*, Vol. 66, No. 4, April 2015, pp. 739 – 764.

成为高被引论文增加了重要砝码；与此同时，依据核心期刊遴选对引用率的必要条件可知，大量非核心作者所产生的引文规模实质上助推了少数期刊在名刊竞争中巩固核心地位。由此看来，非核心外围作者对高被引作者的贡献和期刊地位的巩固丝毫不亚于核心作者。

正因如此，实现学科总体刻画，须将包含外围作者在内的所有作者考虑在内。其可能的途径有两条：一是对学科的所有期刊随机抽样；二是基于核心期刊的较高被引论文抽样。前一种难以表征学科的主体内容特征，后一种则既能够体现核心论文的内容主体性，又能够基于引用行为的无差别化来反映学科总体队伍的一般特征。而且，由于引用行为的随机性，最终所产生的较高被引论文也具备随机性。

从控制抽样误差的角度来看，[①] 中低被引因异质化更强抽样误差更大，而高被引则因更接近同质总体，在表征学科总体的一般特征方面误差更小。综合以上分析，最终将样本锁定于核心期刊中的高被引论文。

三 样本来源与数据处理

从样本数据源来看，中国社会科学评价研究中心（CSSCI）拟定的来源期刊在社会科学界影响最高，故本章以 CSSCI（2014—2015）18 种图情来源期刊作为样本。与此同时，中国知网数据库在国内三大全文数据库中影响面最广，目前已经成为中文期刊全文获取的主流

---

① ［美］艾尔·巴比：《社会研究方法》，邱泽奇译，华夏出版社 2009 年版，第206—207 页。

平台，其引文频次更具代表性。调查发现，知网没有收录《情报学报》2003 年以来的文献，故本项研究不包含《情报学报》。此外，时间窗高度影响对样本的获取，进而影响对学科内容特征的发掘。[①] 苏新宁发现，本学科论文的半衰期一般在 3 年以内。换句话说，4 年以前发表的论文，作者已较少问津。[②] 因此，本章以 5 年作为样本的时间窗。综合以上因素，本章最终以知网中的 17 种图情重点期刊为检索数据源，样本时间窗为 2009—2013 年。

样本获取还与样本量相关。一方面被引越高越有利于减小误差，另一方面样本越大同样越能够减小误差。为了实现二者的平衡，笔者拟将高被引样本控制在 100 篇左右。在实际检索中发现，100 篇文献的最低被引频次为 48 次。本章最终考虑了取整因素，将被引频次确定在 50 次以上。剔除新闻词条等非论文的高被引情形，得到有效样本 80 篇，涉及引文 6552 条。上述二者共同构成了总体样本。检索时间为 2014 年 8 月 23 日。（见附录表格）

接下来，具体统计工作分为三步走：首先，依基础学术规范指标核实样本。若以上 3 项指标均缺少则将其直接归入报导型，若包含其中至少一项则单独列出进行二次分析后划定体裁类型；然后，对每一样本按照题名拟定主题词并归类，得到热点主题分布表；最后，结合高被引规模和体裁得到期刊分布表。有必要指出的是，由于入围样本的基础学术规范不够完善，本书在划分基础型和应用型时并没有严格

---

① Natsuo Onodera, Fuyuki Yoshikane, "Factors Affecting Citation Rates of Research Articles", *Journal of the Association for Information Science and Technology*, Vol. 66, No. 4, April 2015, pp. 739 – 764.

② 苏新宁：《图书馆、情报与文献学学术影响力研究报告（2000—2004）——基于 CSSCI 的分析》，《情报学报》2006 年第 2 期。

限定必须满足所有学术规范指标。此外，考虑到社会效应可从体裁和内容主题方面间接反映，故未将其纳入统计范畴。

◇◇ 第五节 结果分析

一 图书情报学的体裁结构特征

由表4—1可以看出，基础型、应用型、综述型和报导型四种体裁论文的分布依次为3篇、8篇、6篇和63篇。前三者占比依次为3.75%、10%和7.5%，报导型以占比78.8%的比例位居首位，反映出报导型体裁在我国图情论文中居于主体支配地位。具体可从文献回顾、科学问题和观点证明三个角度展开分析，见表4—2。

表4—1　　　　　　近五年图书情报学高被引论文主题特征一览

研究主题	体裁类型				占百分比	总被引频次
	基础型	应用型	综述型	报导型		
云计算	0	0	0	17	21.25	1855
网络舆情	0	4	2	6	15	1165
移动图书馆	0	0	1	9	12.5	697
微博	3	0	1	4	10	746
学科化服务	0	0	0	3	3.75	193
真人图书馆	0	0	0	3	3.75	184
信息素养	0	1	0	2	3.75	172
读者决策采购	0	0	0	2	2.5	154
服务社会化	0	0	0	2	2.5	144

研究主题	体裁类型				占百分比	总被引频次
	基础型	应用型	综述型	报导型		
关联数据	0	0	1	1	2.5	114
知识图谱	0	0	0	1	1.25	79
阅读推广	0	0	0	1	1.25	57
RFID	0	0	0	1	1.25	50
其他	0	3	1	11	18.75	942
汇总	3	8	6	63	100	6552

数据来源：笔者整理。其中智慧图书馆按照移动图书馆归类处理。

文献回顾、科学问题和观点证明三者占样本的比例依次是18.75%、7.5%和12.5%。81%的论文均不包含文献回顾。缺乏文献回顾说明研究选题缺乏必要的理论依据。从已包含文献综述的非综述型成果来看，文献综述的内容以整体归纳和统计检索说明为主，仪式性引用现象明显，[1] 相对缺乏开展文献对话以期为后续创新提供支撑。科学问题的缺失一定程度上能够反映研究的深度相对偏低，证实了业界对职业话题和泛学术话题更感兴趣的现象。[2] 与此同时，近九成论文缺乏针对理论观点提出各方面的证明。这反映出我国图情学科不以理论假说的提出与证明为研究价值，研究成果整体偏向于经验层次。综合来看，同时包含3项学术规范要素的论文仅为3篇，占比3.75%。

---

[1] 陈昭全、张志学等：《管理研究中的理论建构》，北京大学出版社2012年版，第63—95页。

[2] 苏新宁：《提升图书情报学学科地位的思考——基于CSSCI的实证分析》，《中国图书馆学报》2010年第4期；张晓林：《与时俱进，让学科之树常青》，《图书情报工作》2003年第3期。

表4—2　　　　　　　高被引论文学术规范和体裁统计一览

编号	题名	文献回顾	科学问题	观点证明	体裁
11	基于社会网络中心性分析的微博信息传播研究——以 Sina 微博为例	○	○	●	基
12	微博客用户行为特征与关系特征实证分析——以"新浪微博"为例	○	●	●	基
72	微博用户特征分析和核心用户挖掘	●	●	●	基
5	移动的书海：国内移动图书馆现状及发展趋势	●	○	○	应
24	颠覆数字图书馆的大趋势	○	○	●	应
30	网络舆情指标体系设计与分析	○	○	●	应
36	基于聚类的网络舆情热点发现及分析	●	●	●	应
46	网络舆情突发事件预警指标体系构建	○	●	●	应
57	社会网络分析在关键词网络分析中的实证研究	●	○	●	应
64	图书馆员去职业化问题、原因及对策研究	●	●	●	应
74	案例研究：武汉地区高校学生信息素养现状分析	●	○	●	应
9	国内网络舆情研究的回顾与展望	●	○	○	综
16	我国网络舆情研究与发展现状分析	●	○	○	综
22	微博研究综述	●	○	○	综
63	网络口碑传播研究综述	●	○	○	综
65	关联数据在图书馆中的应用研究综述	●	○	○	综
67	移动图书馆理论研究与实践应用综述	●	○	○	综
26	知识图谱——信息管理与知识管理的新领域	●	○	○	报
29	移动图书馆在我国的发展现状与展望	●	○	○	报

编号	题名	文献回顾	科学问题	观点证明	体裁
50	关联数据：概念、技术及应用展望	●	○	○	报
75	网络舆情对群体性突发事件的影响与作用	○	●	○	报
	汇总	15	6	10	

资料来源：笔者整理。排序结果依研究体裁类型和被引频次高低得到。

二 图书情报学的主题结构特征

由表4—1发现，云计算是近年来研究最热门的主题，共有17篇高被引论文，涉及1855条引文；其次是网络舆情、移动图书馆和微博研究。四者所占比重为58.75%，共有4463篇论文引用了这四大主题的文章。上述主题与近年来社会兴起的热点信息概念密切相关，而且多与图书馆职业工作相结合，证实了本学科有关注新兴信息概念的传统。① 进一步检索被引文章发现，论文题名和内容的同质化现象突出，证实了有部分概念炒作的现象。②

其次是学科化服务、真人图书馆、信息素养、读者决策采购、图书馆服务社会化、关联数据、知识图谱、阅读推广和RFID九大主题。共有1147篇论文引用了此类文章，占比17.5%。相较上一梯队，这一梯队以图书馆职业研究为主，同时也包括个别新兴信息主题。新兴

---

① 陶俊、王传清：《信息管理学科整合的变革路径研究》，《图书情报工作》2014年第14期。

② 张晓林：《与时俱进，让学科之树常青》，《图书情报工作》2003年第3期。

信息主题和服务实践主题涉及 13 种热点话题，占比高达 81.25%。均值能够反映热点主题引用的集中趋势，样本引文的均值为 81.9，这表明近 5 年来前 24 篇论文较后续样本在业界中更具广泛影响，这些内容涉及云计算、移动图书馆、微博、网络舆情、学科化服务、读者决策采购。上述结果显示，高被引论文与新兴信息主题和图书馆服务主题具有明显的相关性，证实了本学科热衷于新兴信息主题和图书馆职业研究的论断。

研究主题的第三梯队是"其他"。这些研究不以热点信息概念和职业工作话题为特征，更多地呈现出泛学术话题和泛职业话题的综合性特征。

三 高被引论文的期刊特征

哪些刊物盛产高被引论文？《大学图书馆学报》以 12 篇论文 1271 条引文位于第一梯队；其次是《图书与情报》等 6 种刊物以 7—9 篇论文 500—800 条引文位于第二梯队；《情报理论与实践》等 6 种刊物以 2—5 篇论文 100—350 条引文位居第三梯队。《图书馆论坛》和《图书馆》以 1 篇论文、近 100 条引文位列最后。总体来看，《大学图书馆学报》被引量遥遥领先于其他刊物，反映出该刊的主题文章最受业界喜爱，其在图情领域占有重要地位，如表 4—3 所示。

表 4—3　　　　　　　高被引论文的期刊分布表

序号	刊名	样本	频次	基础型和应用型
1	大学图书馆学报	12	1271	0
2	图书与情报	9	797	0

序号	刊名	样本	频次	基础型和应用型
3	图书情报工作	8	723	1
4	中国图书馆学报	8	628	3
5	情报杂志	8	619	1
6	图书馆学研究	7	577	0
7	图书馆建设	7	507	0
8	情报理论与实践	5	340	2
9	图书情报知识	4	310	2
10	图书馆工作与研究	3	185	0
11	现代图书情报技术	3	176	1
12	情报科学	2	173	1
13	图书馆杂志	2	114	0
14	图书馆论坛	1	74	0
15	图书馆	1	58	0
	汇总	80	6552	11

数据来源：笔者整理。

从论文体裁的分布来看，《图书情报知识》《情报科学》《情报理论与实践》《中国图书馆学报》《现代图书情报技术》《情报杂志》《图书情报工作》包含1篇及以上基础型或应用型，上述体裁占对应期刊入围样本的比例依次为50%、50%、40%、37.5%、33.3%、25%、12.5%；相反，《大学图书馆学报》《图书与情报》《图书馆学研究》《图书馆建设》《图书馆工作与研究》《图书馆杂志》《图书馆论坛》《图书馆》则无基础型或应用型入选。从体裁结构分布可以看出，前述各类期刊较后者的科学标准要素更高；但从被引率来看，前者较后者的被引率整体却更低。从学科结构来看，前者整体偏向于情报学科，后者集中在图书馆学科。

◇第六节　讨论

一　基础型和应用型体裁不足，理论创新相对薄弱

从体裁类型的视角来看，报导型占据主体其实质是基础型和应用型未能大量入选高被引样本并超越现有报导型的比重。这表明基础型和应用型标准尚未得到业界的普遍认同并广泛实践。与此同时，报导型中职业话题占据高被引主体，反映出致力于学术价值的队伍要远低于职业兴趣的队伍，职业兴趣队伍相对庞大。这一论断可从已有统计数据中得到部分证实：截至 2013 年底，仅公共图书馆系统和主要高校图书馆系统之和就高达 3709 所，国有事业在编人员 80884 人；[1] 与此同时，以承担学术使命为主的高校研究生规模则较低。不禁要问，美国有 4400 余所机构有资格授予各类学位，其中仅有不到 60 所图情教育机构，[2] 如此庞大的图书馆队伍为何仍以学术为主导呢？调查发现，除承担教职的馆员外，大多数馆员获得永久岗位（tenure）并不高度依赖论文。[3] 而且，从第三节可以得到，国际图情期刊作者来源

---

① 中国图书馆学会、国家图书馆编：《中国图书馆年鉴 2014》，国家图书馆出版社 2015 年版，第 201、435 页。

② Walters W. H. , Wilder E. I. , "Disciplinary, National, and Departmental Contributions to the Literature of Library and Information Science, 2007 – 2012", *Journal of The Association for Information Science and Technology*, Vol. 67, No. 6, June 2016, pp. 1487 – 1506.

③ Mitchell W. Bede, Mary Reichel, "Publish or Perish: A Dilemma for Academic Librarians?", *College & Research Libraries*, Vol. 60, No. 3, May 1999, pp. 232 – 243.

的开放性更是影响图情学术生态的关键一环。

从学术创新的角度来看，报导型论文的内容以图书馆业务为主体，表明业界更注重实践创新在促进图情事业中的快速作用效果；而对研究的理论贡献及其长期效应却未能给予同等重视。支撑实践创新的应用基础研究相对薄弱，学术使命的理论职能未能得到学科广泛认同。

二 职业实践效应明显，基础社会效应不足

由表4—1主题类型可以看出，我国图情研究主要以实务者为主并面向职业实践。与科学研究重视获取理论知识以及强调知识产生的严谨性不同，实务者更为热衷行业经验知识以及通过"干中学"来逐步完善经验。因源于实践并直接作用于实践，其对口性使得研究产品的落地性较理论成果更具优势。学科化服务、真人图书馆、读者决策采购等内容在研究后很快在各地图书馆得到实践，进而稳步改善了图书馆的服务水平，如表4—4所示：

表4—4 职业主题的主要类型

类别	主题类型
开发产品与服务	调研国外服务案例
	剖析总结工程项目
	推介新兴数字技术
职业总结与展望	研究国外行业趋势
	总结国内开发经验

职业职能得到充分展现从另一方面表明，已有研究在以促进社会理解为代表的基础社会效应方面的整体弱势。高被引成果相当程度上紧扣职业话题，这在浅层次上表现出研究的具象性强而普适性低；在深层次上则反映出牵制图情微观实践活动的中上层公共政策、社会和经济要素等科学问题未能得到同等重视。中上层领域因长期制约图情微观实践，其抽象性和普适性更强因而更具有科学规律性。而且，其多元理论基础有利于促进学生抽象逻辑思维和开放创新意识的培养。正因如此，强化基础社会效应对于丰富学科价值内涵、提升研究层次和育人质量意义深远。中上层领域的相对沉寂反映出学科在承担更为完善的创新职能方面仍有进一步改善的空间。

三 高被引凸显学科结构失衡，深层次研究不足

高被引一方面从外在表象上体现了学科成果丰硕且活跃的良好态势，另一方面则从内在本质上反映出学科结构和主题结构陷入失衡的窘境。

其一，学科以图书馆职业工作为主，图情理论建设不足。热点主题结构和期刊结构均表明业界以图书馆职业为主体，图情理论及其队伍建设不足，彰显了整体学科偏重于以实用为主的职业定位功能，这与国际图情以学术为主导的模式形成鲜明对比。结合科学标准可以发现，这一定位导致了学科在学术职能和职业职能上的彼此制约：一方面，职业目标促使实务者热衷于以实用行业知识为载体发表论文并通过高被引和快速落地得到肯定，但这些成果大多不符合科学标准；另一方面，符合科学标准的理论成果尽管得到发表却因不够实用而难以获得业内认可，在职业氛围下其被引率和应用速度均难于比肩职业话

题而遇冷。

其二，热点职业话题引用扎堆，深层次引用关怀不足。浅层次引用的主体现象反映出信息组织、检索和计量学等核心领域和新兴领域深层次研究成果过少，以上成果未能广泛入围反映出上述研究相对不活跃，这些核心领域的队伍规模较职业实践群体规模明显不足。与此同时，仪式性引用现象凸显，引用行为有待规范。在学术评价广受被引频次量化困扰的背景下，现行评价体制难以吸引更多学者向相对复杂且重要的深层次研究靠拢。核心主题和深层次研究未能大量入围高被引样本反映出图情学术竞争力相对低下。

◇ 第七节　结论

图情学术竞争力不足的争论由来已久，然而学界对这一问题研究得还不够深入。本章从高被引论文的内容结构入手，依托学术竞争力模型从科学要素和社会价值的角度分析了高被引论文的体裁结构和社会效应。研究发现：（1）高被引论文报导型、基础型、应用型和综述型的体裁分布依次为78.8%、3.75%、10%和7.5%，报导型体裁百分比是其他各类型的10倍左右，且报导型以图书馆职业研究为主；（2）高被引论文的社会效应集中于职业实践效应，以增进社会理解为目标的基础效应相对不足。上述发现表明，图情学术竞争力不足与论文的体裁结构和社会效应水平紧密相关，尤其受到图书馆职业环境及其队伍结构的制约。本章尝试构建"体裁—学术规范—社会效应"内容分析框架，利用2009—2013年图情重点期刊的80篇高被引论文6552条引文加以验证。结果显示，以上结论能够得到基本证实。由于部分数据缺失导致无法等效比较，而且高被引作为透视学术竞争力的一个尺度，其结论是否能够拓展到中低被引的情形有待进一步验证。这些不足之处尚需在未来的研究中加以弥补。

如何提升图情学术竞争力是业界长期关心的一个重大问题。从本章研究结果来看，未来学术竞争力的突破取决于能否逐步优化论文的体裁结构和效应结构。具体来说，需从以下方面共同努力：第一，加强科学问题的凝练，注重文献对话和论证逻辑在提升学术层次中的基础骨干作用；第二，突出对图情实践瓶颈问题形成机理的应用基础研究和以信息组织、检索与计量学为核心的学术传承与应用创新研究；第三，着力构建以基础型和应用型为主体的学术交流环境和创新激励机制。

本章认识到，尽管理论贡献不足是影响图情学术竞争力的重要因素，[①] 但其根源在于学科的职业化——职业化使得学科的队伍结构、论文结构和知识结构均受限于职业主体框架。从这一视角出发，就可以理解为什么改革课程内容和扩大研究生规模等专业实践举措的实施仍然步履维艰，[②] 为什么高校学术规范教育对于提升期刊学术质量仍旧杯水车薪，[③] 为什么学科理论建设呼吁持久而理论成长氛围却一直

---

① 苏新宁：《提升图书情报学学科地位的思考——基于 CSSCI 的实证分析》，《中国图书馆学报》2010 年第 4 期。

② 陶俊：《信息管理一级学科的变革路径研究》，《图书情报工作》2013 年第 9 期；程焕文：《高涨的事业与低落的教育——关于图书馆学教育逆向发展的思考》，《中国图书馆学报》2001 年第 1 期；肖希明、司莉、黄如花：《我国图书馆学教育发展现状的调查分析》，《图书情报知识》2008 年第 1 期。

③ 刘宇、叶继元、袁曦临：《实证缺失的中国图书馆学研究》，《中国图书馆学报》2009 年第 4 期；张力、唐健辉、刘永涛等：《中外图书情报学研究方法量化比较》，《中国图书馆学报》2012 年第 2 期。

难于营造。① 所有这些，都和学科的职业化特色有着极度重要的关联。因此，本章的政策含义在于，当职业化成为理论创新的掣肘和教育差距的源泉时，推进学科由职业定位向学科定位逐步转型是必要的。②

------

① 苏新宁：《图书馆、情报与文献学学术影响力研究报告（2000—2004）——基于 CSSCI 的分析》，《情报学报》2006 年第 2 期。

② 陶俊、王传清：《信息管理学科整合的变革路径研究》，《图书情报工作》2014 年第 14 期；Nancy Van House，Stuart A. Sutton，"The Panda Syndrome：An Ecology of LIS Education"，*Journal of Education for Library and Information Science*，Vol. 37，No. 2，Spring 1996，pp. 131 – 147。

第 五 章

引用、品质与影响力

——以《情报学报》高被引论文主题为例

◇第一节 引言

评价期刊和学者的论文品质不仅关系到学者的声望，更关乎学者的生存和长期发展。众所周知，学者在期刊影响因子高的刊物发表论文，不仅可被认定为重要的学术成果，同时还能受到基金评审人员和科研管理人员的青睐进而获得项目资助。上述实践表明，期刊影响因子长期以来被认为是评估科学家论文质量的代理。[①] 然而，建立在期刊影响因子基础上的论文质量评价近年来正受到全球科学界的严厉批评。[②] 一方面在于

---

① Davidvan Dijk, Ohad Manor, Lucas B. Carey, "Publication Metrics and Success on the Academic Job Market", *Current Biology*, Vol. 24, No. 11, June 2014, pp. 516 – 517.

② Stephen Curry, "Let's Move Beyond the Rhetoric: It's Time to Change How We Judge Research", *Nature*, Vol. 554, No. 7691, February 2018, p. 147; Bruce Alberts, "Impact Factor Distortions", *Science*, Vol. 340, No. 6134, May 2013, p. 787; Eugene Garfield, "The History and Meaning of the Journal Impact Factor", *Journal of the American Medical Association*, Vol. 295, No. 1, January 2006, pp. 90 – 93.

影响因子的引用影响时间极短,① 难以刻画论文的长期影响;另一方面影响因子是基于偏倚引文分布的平均值,不能代表期刊大多数论文的实际引用量。② 越来越多的科学家意识到,基于引用平均值的期刊影响因子不仅掩盖了同一期刊论文之间的巨大差异,而且引文也不是衡量论文质量和影响力的合理尺度。为此,全球科学家围绕研究评价的引用与质量、短时认可与长期影响等问题开展了相关实证研究。③

相比普适的研究评价对促进图书情报(简称"图情",下同)学科发展的有限指导作用,面向图情领域的上述研究因针对性强对图情学科的指导意义更大。基于以上认识,一些学者发现,图情高被引论文并不能准确刻画论文质量,高被引论文体现出较强的热点职业主题特征。④ 通过上述观察可知,尽管已有研究开展了引用与质量的相关

---

① Ludo Waltman, "A Review of the Literature on Citation Impact Indicators", *Journal of Informetrics*, Vol. 10, No. 2, May 2016, pp. 365 – 391.

② Per O. Seglen, "The Skewness of Science", *Journal of the American Society for Information Science*, Vol. 43, No. 9, October 1992, pp. 628 – 638.

③ Lutz Bornmanna, Richard Williams, "Can the Journal Impact Factor be Used as a Criterion for the Selection of Junior Researchers? A Large-scale Empirical Study Based on ResearcherID Data", *Journal of Informetrics*, Vol. 11, No. 3, August 2017, pp. 788 – 799; Lin Zhang, Ronald Rousseau, Gunnar Sivertsen, "Science Deserves to be Judged by its Contents, not by its Wrapping: Revisiting Seglen's Work on Journal Impact and Research Evaluation", *PLOS One*, Vol. 12, No. 3, March 2017; Fred Y. Ye and Lutz Bornmann, "Smart Girls Versus Sleeping Beauties in the Sciences: The Identification of Instant and Delayed Recognition by Using the Citation Angle", *Journal of the Association for Information Science & Technology*, Vol. 69, No. 3, March 2018, pp. 359 – 367.

④ 陶俊:《体裁、社会效应与学术竞争力——图书情报学科高被引论文内容结构考察》,《图书情报工作》2016 年第 1 期。

性研究,① 同时也有少数研究探索了我国图书馆学和情报学的高被引结构并关注到二者在引用上的异质性,② 但是忽视对典型情报学期刊高被引微观主题结构的考察,使得我们不能更系统认识图书情报学期刊的引用结构特征并合理评价期刊影响力,也难以准确回答上述结构对整个学科竞争力的长期影响。更重要的是,由于认识上的不足,现实中引用普遍通过激励与内容质量挂钩,而职业主题在本学科更容易获得高被引,这在一定程度上扼制了学科在核心领域和科学理论性方面的发展,妨碍了学科竞争力的提升。因此,阐明引用与质量的关系,澄清二者关系认识上的误区刻不容缓。基于此,本章试图借助《情报学报》的高被引论文考察情报学典型期刊的主题结构特征,基于上述特征进一步揭示引用、质量和影响力之间的内在逻辑,在此基础上尝试性地回答变革论文质量评价方式的可能路径。

本章的创新贡献主要表现在:第一,视角创新。与以往研究从更

---

① Lutz Bornmanna, Richard Williams, "Can the Journal Impact Factor be Used as a Criterion for the Selection of Junior Researchers? A Large-scale Empirical Study Based on Re-searcherID Data", *Journal of Informetrics*, Vol. 11, No. 3, August 2017, pp. 788 – 799; Lutz Bornmanna, Loet Leydesdorff, "Does Quality and Content Matter for Citedness? A Comparison with Para-textual Factors and Over Time", *Journal of Informetrics*, Vol. 9, No. 3, July 2015, pp. 419 –429; Gjalt-Jorn Ygram Peters, "Why not to Use the Journal Impact Factor as a Criterion for the Selection of Junior Researchers: A Comment on Bornmann and Williams (2017)", *Journal of Informetrics*, Vol. 11, No. 3, August 2017, pp. 888 – 891; Ying Ding, Blaise Cronin, "Popular and/or Prestigious? Measures of Scholarly Esteem", *Information Processing & Management*, Vol. 47, No. 1, January 2011, pp. 80 –96.

② 陶俊:《体裁、社会效应与学术竞争力——图书情报学科高被引论文内容结构考察》,《图书情报工作》2016 年第 1 期;周晓英、董伟、朱小梅等:《图书馆学情报学高影响力论文特征及所反映的学科差异分析》,《中国图书馆学报》2012 年第 4 期。

普适视角探索引用量与品质的关系不同，本书研究基于情报学典型期刊实证检验了引用量与品质非正相关。由于图情学科的职业实践传统导致学科高被引集中在职业实践领域，《情报学报》尽管具有较强的开放性和学术创新优势但引用优势不显著。第二，理论观点创新。与传统观点不同，本章指出，引用量不能完全代表影响力。由于职业实践和学术研究本质属于不同的研究领域因而不能等效比较，故以引用量来评价期刊和论文学术影响力不合理。科学严谨的评价需实施分类评价以区分学术和实践在创新目标上的本质不同，强化研究内容和引用质量评价。

◇ 第二节 文献述评

一 情报学的学科结构

学科结构是反映学科发展态势的指针，刻画学科结构不仅有利于发现学科前沿热点提升科研效率，[①] 同时还有利于揭示潜在问题以指导未来发展。与管理学其他学科不同，图情学科长期以来是由馆员和学者共同构成的一个特色的学术群体。众所周知，馆员的使命在于推进微观实践工作，与职业使命不同，学者重在研究更普适性的科学问题来发现多元实践背后的潜在规律，进而指导丰富多彩、不断变化的实践。基于学术性和实践性的主体差异性，可将学科结构分为以理论

---

① Olle Persson, "The Intellectual Base and Research Fronts of JASIS 1986 – 1990", *Journal of the American Society for Information Science*, Vol. 45, No. 1, January 1994, pp. 31 – 38.

方法层面为主的学术结构和以实践为主的职业结构。二者的区别如表 5—1 所示。

表 5—1　　　　　　　　　职业结构与学术结构的主要区别

比较	学术结构	职业结构
主题结构	抽象对象	机构实务为主
人员结构	学者为主	馆员为主
论证严密	理论与实证相结合，论证严谨程度高	调研行业资讯获取实践启示，非学术型论文
指导意义	长期效应	短期效果

资料来源：笔者整理。

学者目的不同探索学科结构的视角也各异，代表性的视角有：(1) 主题结构。早期的主题结构通常采用同被引研究等方法刻画学科的静态结构。① 近年来，LDA 等自动化方法的应用使得主题结构进一步丰富，由静态内容向动态演化结构方向发展。Yan Erjia 通过 1955—2013 年国际图情学 47137 篇论文的引文数据，并借助 LDA 主题模型构建了 50 个情报学热点主题的动态网络结构。② 此外，国内一些学者

---

① Howard D. White，Katherine W. McCain，"Visualizing a Discipline：An Author Co-citation Analysis of Information Science，1972–1995"，*Journal of the American Society for Information Science*，Vol. 49，No. 4，April 1998，pp. 327–355；马费成、宋恩梅：《我国情报学研究分析：以 ACA 为方法》，《情报学报》2006 年第 3 期。

② Erjia Yan，"Research Dynamics，Impact，and Dissemination：A Topic-level Analysis"，*Journal of The Association for Information Science and Technology*，Vol. 66，No. 11，November 2015，pp. 2357–2372.

先后运用 Citespace 工具和引文耦合强度方法分析情报学的时序变化、引用突变点和交叉学科特征及其演化情况。[①]（2）开放性。[②]众所周知，学科越开放越有利于知识互补，学科的交叉性越显著，学科的创新力也越强。我国学者程刚等于 1998 年调研 6 种国内情报学期刊 1 年的数据发现，职业机构（图书馆、情报所）的论文占比 52.87%（以上数据不包含科学院系统）。[③]进入 21 世纪以来，图情学科的队伍结构不断发生变化。Waltters 和 Wilder 调研了 31 种图情期刊 2007—2012 年 SSCI 源刊论文，发现跨学科院系的贡献高达 46%，而馆员的贡献仅为 23%。[④]我国学者周晓英等分别对国内图书馆学和情报学 100 篇高影响力论文分析发现，[⑤]图书馆学科不仅作者学科单一，而且集中在图书馆实践部门，其学科作者来自图书馆的高达 75%（包括国家科技文献中心和中国社会科学院文献信息中心）；而情报学则与此相反，其作者以高校学者为主，且不限于图情领域。陶俊进一步抽取 17 种图情 CSSCI 源刊近 5 年的高被引论文数据发现，图书

[①] 张艺蔓、李秀霞、韩牧哲：《基于引文耦合的情报学学科结构时序分析》，《情报杂志》2015 年第 3 期；张金柱：《情报学的学科结构及其演化分析》，《情报资料工作》2011 年第 3 期。

[②] 苏新宁：《提升图书情报学学科地位的思考——基于 CSSCI 的实证分析》，《中国图书馆学报》2010 年第 4 期。

[③] 程刚、邹志仁：《我国情报学期刊统计分析与评价》，《情报学报》2001 年第 3 期。

[④] Walters W. H., Wilder E. I., "Disciplinary, National, and Departmental Contributions to the Literature of Library and Information Science, 2007 - 2012", *Journal of the Association for Information Science and Technology*, Vol. 67, No. 6, June 2016, pp. 1487 - 1506.

[⑤] 周晓英、董伟、朱小梅等：《图书馆学情报学高影响力论文特征及所反映的学科差异分析》，《中国图书馆学报》2012 年第 4 期。

馆学是我国图情学科高被引的主体，高被引论文所刻画的大众行为体现出学科群体具有较强的职业特征。[①] （3）论证严密性。2017年，Chu H. 等对来自美国三大图情学术期刊的研究方法分析发现，以理论研究为特点的定性研究方法仅为14.2%。[②] 与国外相反，我国学者刘宇等对代表性图情期刊实证调研发现，国内图情定性研究高达80%以上。[③] （4）老化率及其影响力。研究发现，我国图情论文的半衰期为3年。[④] 文献老化率越快，意味着长期指导价值十分有限。文献[⑤]抽取28年高被引论文数据研究发现，情报学高被引论文引用量远低于图书馆学高被引论文，需更长时间才能获得引用；与此同时，与图书馆学论文老化程度较快不同，情报学论文老化程度较慢，其引用后劲相较图书馆学更强，从而在指导价值方面比图书馆学更长。文献[⑥]根据被引频次由高到低图情学科80篇论文6552条引文发现，我国情报学高被引论文由于入选论文数少，总被引次数低而在图情界影响力较低。

---

① 陶俊：《体裁、社会效应与学术竞争力——图书情报学科高被引论文内容结构考察》，《图书情报工作》2016年第1期。

② Heting Chu，Qing Ke，"Research Methods：What's in the Name?"，*Library & Information Science Research*，Vol. 39，No. 4，October 2017，pp. 284 – 294.

③ 刘宇、叶继元、袁曦临：《实证缺失的中国图书馆学研究》，《中国图书馆学报》2009年第4期；张力、唐健辉、刘永涛等：《中外图书情报学研究方法量化比较》，《中国图书馆学报》2012年第2期。

④ 苏新宁：《图书馆、情报与文献学学术影响力研究报告（2000—2004）——基于CSSCI的分析》，《情报学报》2006年第2期。

⑤ 周晓英、董伟、朱小梅等：《图书馆学情报学高影响力论文特征及所反映的学科差异分析》，《中国图书馆学报》2012年第4期。

⑥ 陶俊：《体裁、社会效应与学术竞争力——图书情报学科高被引论文内容结构考察》，《图书情报工作》2016年第1期。

二 引用与质量的相关性

回顾科学计量学用于学术评价的历史范式，其长期围绕产量和引用等数量层面展开，[①] 这符合宏观决策者简单量化的管理期待。从论文评价发展史来看，期刊影响因子长期以来被误用于衡量论文学术影响力。[②] 但研究表明，同一期刊上的不同论文引用差异极大，其被引用次数近似服从对数正态分布。[③] H 指数的诞生避免了期刊影响因子在单篇论文评价上的缺陷。[④] 与影响因子相比，H 指数同时考虑了科研人员的产量和单篇论文的引用。但是，以上评价均是建立在期刊的整体评价和学者的长期累积评价基础上的，一旦延伸到微观某一篇论文评价时则持有广泛争议。[⑤] 高被引与质量之间是否存在相关性？将引用率用于质量评价基于以下理论假设：相比于低质量的科研工作，高质量的工作将激发更多学术同行回应，这种回应在论文中即表现为引用。[⑥] 沿

① 叶鹰：《国际学术评价指标研究现状及发展综述》，《情报学报》2014 年第 2 期。

② Eugene Garfield, "The History and Meaning of the Journal Impact Factor", *Journal of the American Medical Association*, Vol. 295, No. 1, January 2006, pp. 90 – 93.

③ Shen H., Wang D., Song C., et al., "Modeling and Predicting Popularity Dynamics Via Reinforced Poisson Processes", *The 28th AAAI International Conference on Artificial Intelligence*, Québec City, Canada, July 27 – 31, 2014.

④ J. E. Hirsch, "An Index to Quantify an Individual's Scientific Research Output", *Proceedings of the National Academy of Sciences of the United States of America*, Vol. 102, No. 46, November 2005, pp. 16569 – 16572.

⑤ Seglen P. O., "Why the Impact Factor of Journals Should not be Used for Evaluating Research?", *British Medical Journal*, Vol. 314, No. 7079, February 1997, pp. 498 – 502.

⑥ Lutz Bornmann, Hans-Dieter Daniel, "What do Citation Counts Measure? A Review of Studies on Citing Behavior", *Journal of Documentation*, Vol. 64, No. 1, January 2008, pp. 45 – 80.

着这一逻辑，反过来，高被引论文意味着激发了更多学术同行回应，那么在业内该论文当是高质量。现实果真如此吗？事实上，引用与质量正相关的论断是站不住脚的。加拿大麦克马斯特大学朱文斯基癌症中心 Patterson 通过将论文同行评议打分与被引情况对照实验来研究这一问题，实验选取 2 名同行评议专家发表于 *Physics in Medicine and Biology* 上的 1095 篇论文从原创性、稳健性和重要性三个维度打分。①将上述论文按照质量高低依次分为五个等级。结果显示，相较每一篇论文，质量与引用之间的相关性不显著；但相对于整组而言，最高质量组的平均引用率是所有论文平均引用率的 2 倍。这表明引文更适合于对整体长期（如整本期刊、整个地区、十年）的宏观评价，而不适用于单篇文献。类似的研究由 West and McIlwaine 通过 *Addiction* 杂志发表的 79 篇论文检验发现，高被引论文与高质量论文之间不具有正相关性。② 正如文献计量学家 Bornmann 所指出的那样，引用受时间、支持与批判、社会热点、学术圈大小、学者声望、研究专业性、作者社交网络等众多因素的影响，③ 考虑论文质量只是众多引用动机中的一种。

---

① Michael S. Patterson, Simon Harris, " The Relationship Between Reviewer's Quality-scores and Number of Citations for Papers Published in the Journal Physics in Medicine and Biology from 2003 – 2005 ", *Scientometrics*, Vol. 80, No. 2, August 2009, pp. 343 – 349.

② Robert West, Ann McIlwaine, " What do Citation Counts Count for in the Field of Addiction? An Empirical Evaluation of Citation Counts and their Link with Peer Ratings of Quality", *Addiction*, Vol. 97, No. 5, May 2002, pp. 501 – 504.

③ Lutz Bornmann, Hans-Dieter Daniel, " What do Citation Counts Measure? A Review of Studies on Citing Behavior ", *Journal of Documentation*, Vol. 64, No. 1, January 2008, pp. 45 – 80.

尽管高被引可以刻画论文流行程度和学术影响力，[①] 却难以反映论文质量并获得作者声望。[②] 这是因为，相对于整个学术共同体，引用所体现的学术内影响（期刊差别、作者差别、论文差别）差别较大，基于引用动机的复杂性，产生外围引用（低声望期刊、一般作者、热点论文）的概率远大于围绕论文创新工作的核心引用，其偏误性较为普遍（见图5—1）。因此，相较引用数量，引用质量（核心引用）更有利于揭示论文质量。

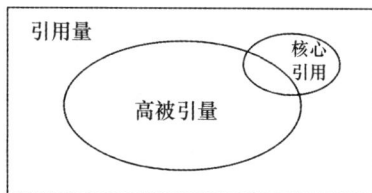

图5—1　期刊引用数量与引用质量异同

为了更好刻画上述差别，科学家提出了加权引用。[③] 结合论文及其载体的关联性，可将加权引用通过三种互补性方法实现：（1）高声望期刊加权。相对于普通期刊，对来自高声望期刊论文的引用赋予更高的权重有利于区分引用数量的差异。Pinski 基于这一思想

---

① 周晓英、董伟、朱小梅等：《图书馆学情报学高影响力论文特征及所反映的学科差异分析》，《中国图书馆学报》2012 年第 4 期；Johan Bollen，Marko A. Rodriquez，Herbert Van de Sompel，"Journal Status"，*Scientometrics*，Vol. 69，No. 3，December 2006，pp. 669 – 687。

② Ying Ding，Blaise Cronin，"Popular and/or Prestigious? Measures of Scholarly Esteem"，*Information Processing & Management*，Vol. 47，No. 1，January 2011，pp. 80 – 96。

③ Gabriel Pinski，Francis Narin，"Citation Influence for Journal Aggregates of Scientific Publications：Theory，with Application to the Literature of Physics"，*Information Processing & Management*，Vol. 12，No. 5，1976，pp. 297 – 312.

提出了期刊引用的加权算法并对 103 种物理学期刊进行了检验。[1]
（2）高声望作者加权。相较普通科学家，以质量著称的高声望科学家对文献的引用更为挑剔和谨慎，参考文献的整体质量较普通科学家更高，因此，对有名望学者的引用赋予更多权重能更好区分一般引用。[2]（3）高被引文献加权。从长期来看，高质量文献较普通文献获得高被引的概率更高。因此，将高被引文献引用赋予更高权重是体现引用质量的重要途径。印第安那大学丁颖基于这一思想提出了流行论文和声望论文的不同操作性定义，其将流行论文用论文被引率来刻画，而将获得同行尊敬的声望论文定义为该文被高被引文献所引用的数量。[3] 尽管通过引用质量可以部分反映论文质量，但是，引用质量本身仍是建立在引文数量的基础上的，高声望期刊、高声望作者和高被引文献在现实中同样存在引用动机的复杂性进而产生偏误。事实上，抛开宏观管理因素，评价单篇论文质量从根本上说须以论文内容来决定，包括原创性、重要性、严谨性、社会价值等公共价值尺度。

三 比较评价

综合以上研究，目前探索学科结构较多的是运用引文分析和 Citespace 工具、LDA 模型等自动化方法构建大规模的引文网络，进

---

① Gabriel Pinski, Francis Narin, "Citation Influence for Journal Aggregates of Scientific Publications: Theory, with Application to the Literature of Physics", *Information Processing & Management*, Vol. 12, No. 5, 1976, pp. 297 – 312.

② Johan Bollen, Marko A. Rodriquez, Herbert Van de Sompel, "Journal Status", *Scientometrics*, Vol. 69, No. 3, December 2006, pp. 669 – 687.

③ Ibid. .

而勾勒出宏观性的学科结构及其演化规律。相反，从微观视角和手工方面开展基于高被引的学科结构探索相对较少，微观视角较宏观视角在揭示领域学科结构方面更具有针对性，但微观视角探索的难点在于如何找到典型性的研究样本并给出样本满足抽样一般性的理论依据。首先，《情报学报》是国家自然科学基金委员会管理科学部认定的 22 种 A 类期刊之一，属于图情学科唯一入选期刊。因此，考察该期刊的高被引论文符合典型性特征。其次，高被引论文符合抽样随机性。一个学科在期刊发表何种论文是同行评议的结果，但是业界引用哪一类文章却是自由选择。正是由于引用是一种自发行为，高被引论文的形成符合抽样的随机性原则。基于此，本章采用《情报学报》的高被引论文探索情报学的主题结构，在此基础上与历史同类研究比较。

◇ 第三节 研究设计

本章采取内容分析法开展研究，其数据源和样本处理过程如下：

数据源：截至 2017 年 5 月，CNKI 中不包含《情报学报》2003 年以来的文献，故本书以万方数据库作为获取数据源的平台。

高被引定义。众所周知，引用量与时间窗高度相关。国际上界定高被引论文有百分比和被引量两种方式。ESI 等机构由于研究宏观长期内容，样本数量巨大，以排名位于前 1% 的论文作为高被引论文。本书重在探索典型期刊且采取小样本研究，以被引频次来划分。由于《情报学报》的被引频次整体较低，同时参考国际管理学者间认定高被引文章一般至少须在 10 次以上。故本章将高被引论文界定为被引量在 10 次以上的论文。

时间窗。本章起初将时间窗控制为 5 年（2012—2016 年），以与同类研究比较。但在实际检索中发现，《情报学报》的引用延迟率较高和被引率较低，5 年期样本仅有 43 篇。为了克服极少数样本对发掘研究规律的制约，笔者将时间窗调整为 10 年以上，最终获得样本文献 128 篇。检索日期为 2017 年 5 月 4 日。

主题划分。以往相关研究划分主题有相对宏观的划分方法，[①] 也有采取篇名或主题词等相对微观的方法来实现。[②]《情报学报》在主题词上的专指性较低，故以主题词来划分难以有效聚类。与此同时，过于宏观的划分难以有效揭示主题内容特征以及不同研究的差异性。本书考虑了以上问题，首先结合学科特征和《情报学报》样本主题差异性得到主题分类表，然后再基于研究方法的相似性对样本进一步聚类，主题划分如表 5—2 所示：

表 5—2　　　　　　　　　　　　样本主题划分

主题	特点
数据挖掘与检索	方法上主要采用分类、聚类、推荐等有关数据挖掘和信息检索理论的研究，包括信息抽取等自然语言处理等有关内容
文献与信息计量（包括科学计量）	属于本学科的特色，以文献计量理论和计量工具方法开展的各类以计量特征为主的研究

---

① 马费成、宋恩梅：《我国情报学研究分析：以 ACA 为方法》，《情报学报》2006 年第 3 期。

② 陶俊：《体裁、社会效应与学术竞争力——图书情报学科高被引论文内容结构考察》，《图书情报工作》2016 年第 1 期。

主题	特点
知识组织	属于本学科的特色,包括元数据、本体、术语等相关的研究,包括知识表示、知识组织框架等
信息行为	运用结构方程模型等定量方法的各类信息资源研究,体现多学科理论和方法开展的应用基础研究
竞争情报	我国情报学的特色,内容上侧重于从竞争情报角度而不是文献计量角度开展的应用研究
信息资源管理	包含科技信息资源在内的各种信息资源原理、开发与利用研究。包括非结构方程模型方法的信息资源研究和非文献计量学方法的期刊评价研究等
网络传播与仿真	运用仿真建模方法,话题与网络传播学等相关

作者单位标准化。本书以第一作者作为分析源。为了研究高被引的开放性特征,有效聚类作者机构,需对同一作者多种隶属机构进行标准化处理。例如,将武汉大学信息资源研究中心、武汉大学信息管理学院等统一为武汉大学信息管理学院等。同一作者涉及多家单位只统计主要机构,为了获得更纯粹的跨学科院系作者信息,在统计作者单位时优先考虑图情背景,即只要第一作者单位中包含图情单位,则纳入图情。包含两种情形,同时存在图情高校和图情机构的,图情机构为作者单位;存在图情高校或图情机构其中之一的,以图情作为作者单位。此外,对于非图情高校和非图情机构的双作者单位信息,以高校优先,不考虑工作单位。例如:哈尔滨工业大学管理学院和中国航天工程咨询中心,以哈尔滨工业大学管理学院为作者单位。

◇第四节 结果分析

一 主题内容结构

《情报学报》的内容主题位居前三甲的是数据挖掘与检索（45）、文献与信息计量（37）、知识组织（17）。这三方面属于情报科学的核心领域。网络传播与仿真（2）在方法上与数据挖掘与检索主题较为接近。上述内容占样本比重为78.9%，是最能彰显《情报学报》特征的主题。

单位：篇

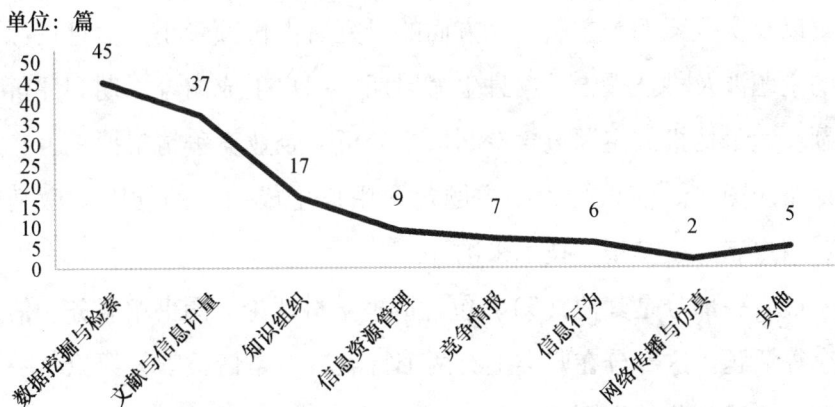

图5—2 《情报学报》高被引论文主题类型分布

从内容来看，数据挖掘与检索包括术语抽取、信息过滤、个性化推荐、标签挖掘、网络舆情、专利分析等，方法上以对现实信息现象的理论建模和实验验证为主，对一般情境的数学模型抽象和实验数据的分析，其研究依赖于自然语言处理、数据挖掘和信息检索的理论原理，侧重于方法创新。内容多元化，表现出明显的交叉学科特征。

文献与信息计量包含引文分析、幂律关系、信息可视化、科研合作、学科结构、学科热点与前沿、CiteSpace Ⅱ 工具等主题。研究侧重于理论研究的验证与深化、计量方法与工具在不同学科领域的应用。知识组织包含本体构建、语义表示、领域本体术语抽取、元数据互操作、个性化信息服务、知识组织进展等内容。由于知识组织研究朝着语义化发展，与人工智能日益密切，表现在内容上与"数据挖掘与检索"接近，交叉特征突出。

信息资源管理（9）、竞争情报（7）、信息行为（6）的相关研究属于图情的特色领域，位于第二梯队。强调运用结构方程模型、问卷调查以及实践案例等方法。这方面的研究所占份额较小。信息资源管理的主题涉及科技报告、信息生命周期、用户生成内容、期刊评价等主题。竞争情报的主题包含专利情报分析、企业竞争情报搜集、产业跟踪路线图等。信息行为的主题包含用户生成内容的动因与激励因素、用户满意度模型、技术采纳等。

最后一部分是其他（5），包含情报学科评论、图书馆服务、信息安全等话题。这部分在归类上有两个特点，一是情报学科评论，一是不属于前述部分的主题。

作者结构是探索开放性的指标。《情报学报》的高被引作者图情机构占比56%，来自跨学科院系的作者高达44%，《情报学报》的开放性明显。从职业机构和高校分布来看，情报所和图书馆等图情职业机构各为3所（中信所作为国家科技信息机构，且承担人才培养功能，这里未将其纳入职业机构内），仅占比4%。

图5—3反映了分主题作者构成。数据挖掘与检索、文献与信息计量、知识组织、网络传播与仿真等主题其作者来源多元化，尤其是数据挖掘与检索、网络传播与仿真跨学科队伍结构比图情队伍更壮大，上述主题也最能反映《情报学报》的特征。文献与信息计量、知识组织等有一定的交叉学科特征，但其主体队伍仍然是图情机构。信息资源管理、竞争情报和信息行为等领域占比份额较小，作为图情的特色领域，主体是图情机构。

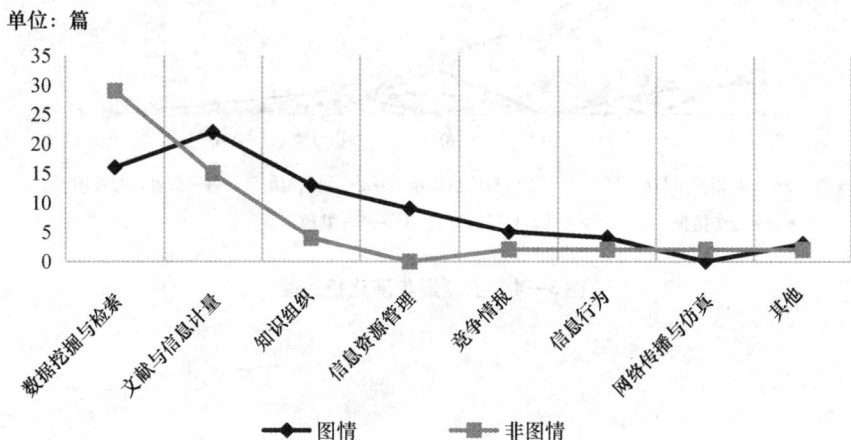

图5—3 非图情与图情作者的主题类型结构比较

二 主题演化结构

结合时间的变化，我们按年代绘制了各主题样本的演化结构。

由图5—4可知，数据挖掘与检索、文献与信息计量和知识组织主题由于入围样本较多，整体形成一定的规律演化特征，居于演化主题的上层。信息资源管理、竞争情报、信息行为等入围样本少，整体的演化规律特征并不明显。为了更为清楚地揭示规律特征，笔者将上述七类聚合成四大样本主题：组织检索与挖掘（合并知识组织主题）、文献与信息计量、信息资源管理（合并信息行为和其他主题）、竞争情报，如图5—5所示。

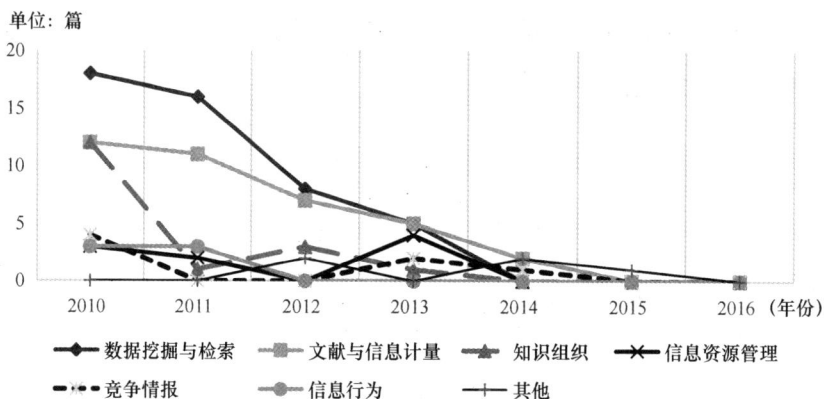

图5—4　主题逐年演化折线图

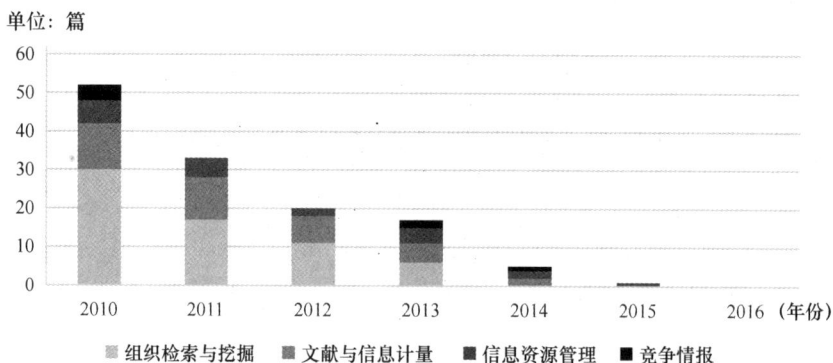

图5—5　四大主题逐年演化柱状图

由图5—5可知，《情报学报》的潜在作者群集中在组织检索与挖掘，文献与信息计量，上述领域在潜在作者和读者中形成了较高的品牌认知度。笔者采集了四大主题最近一年入围的样本，得到高被引主题的近年分布（见表5—3）。

表5—3　　　　　　　　　　四大主题第一年高被引样本分布

主题	题名	年份
信息资源管理	大数据时代的情报学变革	2015
竞争情报	基于专利的技术竞争态势分析框架——以智能材料技术为例	2014
文献与信息计量	国际学术评价指标体系研究现状及发展综述	2014
	科技论文关键词特征及其对共词分析的影响	2014
组织检索与挖掘	基于语义的中文在线评论情感分析	2013
	微博机制和转发预测研究	2013
	基于用户群体影响的协同过滤推荐算法	2013
	基于潜在狄利克雷分配模型的微博主题演化分析	2013
	突发事件新闻报道与微博信息的爆发性模式比较	2013
	面向知识服务的知识组织框架体系构建	2013

从主题和年期看，"组织检索与挖掘"引用延迟最高，"信息资源管理"最低，即专业性较强的主题引用更慢，而宏观理论主题更容易获得引用；从题名主题词来看，高被引内容总体以热点主题为主。大数据、微博社交等主题词与社会热点相关；而学术评价、专利分析、共词分析和潜在狄利克雷分配模型则与学术热点紧密相关。

三　主题引用结构

总体来看，样本总引用量为 2008 次，篇均引用为 15.7 次。其中，图情院系作者论文的总引用量略高于来自非图情院系作者（1098 > 910），单篇引用非图情作者略高于图情作者（16.3 > 15.3）。这组数据反映出《情报学报》仍以图情为主体，但是非图情作者的论文影响力整体更强（见表 5—4）。

表 5—4　　　　　　　　　　分主题引用情况比较一览

主题类型	总量		非图情		图情	
	总引用	篇引用	总引用	篇引用	总引用	篇引用
数据挖掘与检索	765	16.3	550	17.7	215	13.4
文献与信息计量	595	16.1	226	15.1	369	16.8
知识组织	217	12.8	55	13.8	162	12.5
信息资源管理	155	17.2	0	0	155	17.2
竞争情报	103	14.7	27	13.5	76	15.2
信息行为	86	14.3	25	12.5	61	15.3
其他（学科评论）	87	17.4	27	13.5	60	20.0
合计	2008	15.7	910	16.3	1098	15.3

注：将"网络传播与仿真"和"数据挖掘与检索"进行了合并。

根据主题内容划分，数据挖掘与检索、文献与信息计量两大主题总引用量为 1360 次，占比 67.7%。进一步发现，"数据挖掘与检索"主题非图情机构无论是在总量上还是篇引用上都明显高于图情机构，表明这一主题的开放性最高，其次是文献与信息计量。知识组织、信息资源管理、竞争情报的总引用量为 475 次，占比 23.7%，其中，来自图情机构作者引用数为 393 篇，占比 82.7%，表明此部分主要是图情学者从事相关研究。

从单篇引用来看，情报学评论、信息资源管理篇均引用率最高，达 17 次以上。其次是数据挖掘与检索、文献与信息计量。竞争情报、信息行为和知识组织篇均引用率相对较低。

哪些论文对《情报学报》的高被引贡献最大？结合"数据挖掘与检索"和"文献与信息计量"的样本最大，更具有规律性，同时也最能体现《情报学报》的特色，笔者对上述两大主题高于总平均被引（15.7 次）的样本进行提取，根据年代由近及远得到以下主题（见表 5—5）。

表 5—5　　　　　　　　　　　核心主题超高被引样本分布

主题	篇名	年（期）	被引率
文献与信息计量（13）	国际学术评价指标体系研究现状及发展综述	2014（2）	16
	科技论文关键词特征及其对共词分析的影响	2014（1）	19
	不同类型选择性计量指标评价论文相关性研究——基于 Mendeley、F1000 和 Google Scholar 三种学术网络工具	2013（2）	22
	基于专利共类分析的技术网络结构研究：1971—2010	2013（2）	21
	基于专利共现的全球太阳能技术网络及关键技术演进分析	2013（1）	20
	国内知识管理领域知识交流结构研究——基于核心作者互引网络的分析	2012（9）	18
	基于中文社会科学引文索引的中国情报学知识图谱分析	2012（5）	27

主题	篇名	年（期）	被引率
文献与信息计量（13）	我国"985工程"高校科研合作网络研究	2011（7）	18
	基于CiteSpaceⅡ的专利知识可视化的实现机制及其应用	2010（4）	22
	引荐分析法—一种新的引文分析法	2010（4）	19
	论专利引用行为与期刊论文引用行为在解释知识关联方面的差异	2010（3）	16
	作者关键词耦合分析方法及实证研究	2010（2）	40
	科学知识网络的形成与演化（Ⅱ）：共词网络可视化与增长动力学	2010（2）	36
数据挖掘与检索（9）	基于用户群体影响的协同过滤推荐算法	2013（3）	16
	基于复杂网络的微博舆情分析	2012（11）	36
	基于标签的个性化项目推荐系统研究综述	2012（9）	18
	基于概率主题模型的文献知识挖掘	2011（6）	18
	基于在线评论的消费者模糊情感计算和推理	2011（4）	19
	社交网站中潜在好友推荐模型研究	2011（12）	43
	Web文本情感分类研究综述	2010（5）	40
	基于社会化标注的个性化推荐研究发展	2010（4）	35
	个性化服务中用户兴趣建模与更新研究	2010（1）	33

分别从引用和主题两个角度来看其演化趋势，可以发现：第一，总体来看，时间越长，被引可能性越大，引用量越高；第二，学术经典话题（例如：学术评价、共词耦合共现、概率主题模型、个性化）、基于工具的领域计量、综述（情感分类综述）、学术热点（微博舆情、社交网络、推荐）等更容易获得高被引。当然，由于引用行为的复杂性，高被引的形成可能还存在多种因素并且相互影响，比如作者

声望和作者社交网络等。上述观察表明，同类热点主题和传统经典话题更容易获得高被引，它们抬高了《情报学报》整体的被引量。

◇ 第五节　讨论

一　《情报学报》论文为非职业结构

《情报学报》以报道数据挖掘与检索、文献与信息计量等交叉学科主题为其办刊特色，侧重于理论与方法创新。从高被引可以看出，《情报学报》集中在图情学科的核心领域，这与第四章第五节第三部分中期刊排序位居前列的高被引论文明显有别。

《情报学报》主题具有鲜明的学术特征。该刊整体不以图书馆、情报所等职业工作需求为研究对象，而强调对一类信息现象的理论抽象，在此基础上开展实证检验，体现了科学研究所倡导的理论与实证相结合的科学范式，这也与图情学其他期刊高被引论文情形明显有别。上述主题内容和研究范式的差异进一步体现在作者群体上——图书馆、情报所等以职业需求为目标的研究人员占比较低。其与 20 年前对国内 6 种情报学期刊论文抽样其以职业群体为主的结构不同。[1]

该刊的开放性强。来自跨学科院系作者高达44％，报道和引用居于首位的数据挖掘与检索主题具有明显的计算机和管理工程学科特征。开放性结构表明，以《情报学报》为代表的情报学科是一项开放性较高的学科。从论文引用与指导意义来看，《情报学报》其引用率

---

① 程刚、邹志仁：《我国情报学期刊统计分析与评价》，《情报学报》2001 年第 3 期。

较低反映其论文的老化率较图情学同类期刊更慢，其主题内容较实践性研究具有更长的指导价值。

二 引用与品质正相关的理论假说不成立

如第二节第二部分中所述，衡量论文学术质量的优先级依次是研究内容＞引用质量＞引用数量。相较引用数量而言，更重要的科学问题、更完善的科学规范、影响社会更广泛、历久弥新的学术创新更能体现科学家的使命。《情报学报》近八成高被引主题集中在数据挖掘与检索、文献与信息计量、知识组织等图书情报领域的三大核心主题，相比于《体裁》一文高被引主题集中在信息概念和职业主题，其重要性和普适性更强，竞争力更优。然而，同属CSSCI来源期刊，相较《体裁》一文图情领域5年期单篇被引率最高200次以上，被引50次以上的样本论文高达80篇，《情报学报》的单篇被引却不足50次，5年被引10次以上的论文仅为43篇。（注：7年期样本被引10次以上样本128篇)，表明该刊在图情领域的引用相对滞后且被引偏低。根据"高引用量意味着高影响"，表明该刊论文主题在图情整个学科共同体内的影响力不高（其影响力更偏向于情报领域和跨学科领域）。与此同时，基于《情报学报》超高被引文献发现，情报学高被引也集中在热点主题、综述主题和传统经典主题的现象，这与同类期刊具有一致性。综合以上二者，以引用量来判定论文质量并不适宜。相反，重视研究内容及其创新价值是反映学术期刊主体贡献的核心。《情报学报》的引用情况表明，高被引与学术共同体规模、群体旨趣和热点主题更为相关，内容品质只是众多因素中的一个方面，故高被引与品质正相关的理论假说并不成立。

三　引用量不能完全代表学术影响力

如前所述，《情报学报》的学科特征是以理论方法创新为主的学术结构。换言之，情报学科的学术结构与图书情报学科整体趋于实践的职业结构（集中在图书馆学科特征）明显有别，其开放性十分显著。上述结构的差异表明二者代表了不同的科研领域。这与周晓英有关"图书馆学表现出实践性而情报学表现出纯科学性"的论断具有内在一致性。[①] 作为两个不同的科研领域，其学术圈大小、科研工作者数量、论文发表难易程度、论文引用密度等规律均不尽相同。基于上述观察，在研究领域有别、关注重点不同和创新目标各异的背景下，单一的引用量并不能完全代表学术影响力，更无法表明作者学术贡献大小。事实上，由于我国图书馆职业群体远高于学术群体，加之以严肃的学术规范开展理论与方法创新门槛较高，这些均会导致学术成果的引用量不足和引用延迟的普遍性。在引用量为学术评价的导向下，职业主题因职业群体的庞大性更容易获得高被引无疑将激励更多学者朝着职业领域发展，进一步拉大了图情学术研究与职业实践的引用鸿沟。这种误配的引用激励机制和不同研究领域的期刊等效比较不仅损害了情报学的品牌声誉，加剧了广大学术立刊的期刊品牌危机，而且还削弱了图情学科的整体声望，使得学科的结构转型步伐进展趋缓。[②]

---

① 周晓英、董伟、朱小梅等：《图书馆学情报学高影响力论文特征及所反映的学科差异分析》，《中国图书馆学报》2012 年第 4 期。
② 陶俊：《体裁、社会效应与学术竞争力——图书情报学科高被引论文内容结构考察》，《图书情报工作》2016 年第 1 期。

为此，以激励相容约束为导向推进期刊和学者评价机制改革势在必行。一方面需要科学合理地划分学科研究领域并制定相应评价标准，实施学术理论研究与职业实践研究分类评价；[①] 另一方面需以学术创新为根本旨趣强化研究内容评价和引用质量评价。

◇ 第六节　结论

刻画情报学期刊主题结构不仅对于准确评价情报学期刊影响力和学者论文质量至关重要，而且对于推进图书情报学结构转型和教育改革意义重大。本章从《情报学报》高被引论文主题结构的视角为回答以上问题提供了一种思路。研究通过重点文献的梳理澄清了引用与品质关系认识上的误区，基于对加权引用方式的分类归纳提出了引用质量的中间量。在此基础上，研究对《情报学报》128篇高被引论文2008条引文研究发现：（1）《情报学报》以报道核心领域主题为主，其竞争力较高，但在学术共同体中引用率较低。其样本平均被引率仅为15.7%，数据挖掘与检索、文献与信息计量、知识组织等三大主题占比近八成（78.9%），且前二者引用率超过2/3（67.7%）；（2）《情报学报》的开放性明显，内容结构上跨学科院系作者占比高达44%，引用率占比45.3%，图情机构在高被引样本数量和引用率上略高于跨学科院系，但在数据挖掘与检索主题上跨学科院系作者高于图情。上述发现表明，引用率与内容品质非正相关；《情报学报》具有较强的学术特征，但其学术性不仅来自于图

---

① 叶鹰：《国际学术评价指标研究现状及发展综述》，《情报学报》2014年第2期。

情，更受跨学科院系作者的高度影响，研究进一步补充了"图情整体趋于职业结构"的证据。《情报学报》被引率较低与其所倡导的学术理念和图情学科整体以实用导向为主的职业需求不匹配，致使其基于引用的学术影响力较同类优质期刊存在一定差距。本章进一步指出，由于职业结构和学术结构在研究目标上的异质性，引用量并不能完全代表学术影响力，科学合理的评价需划分不同研究领域实施分类评价，强化研究内容和引用质量评价。

当然，本章也存在不足之处。首先，相较宏观视角的大样本取样，本章基于微观视角采取小样本研究既是特色也是不足，微观样本在刻画情报学的普适特征方面存在部分瑕疵。其次，手工划分主题使研究的客观性有所缺陷。以上不足之处尚需在未来的研究中加以弥补。未来可能深化研究的问题包括：围绕引用质量维度和基于内容的引文分析方法探索学科结构的差异；[1] 运用主题模型揭示学科长期高被引样本特征并探索引用与品质的相互影响；运用人工智能方法预测不同学科领域科研人员影响力的潜力等。[2]

---

[1]　Ying Ding, Guo Zhang, Tamy Chambers, et al., "Content-based Citation Analysis: The Next Generation of Citation Analysis", *Journal of the Association for Information Science and Technology*, Vol. 65, No. 9, September 2014, pp. 1820 – 1833.

[2]　Shen H., Wang D., Song C., et al., "Modeling and Predicting Popularity Dynamics Via Reinforced Poisson Processes", *The 28th AAAI International Conference on Artificial Intelligence*, Québec City, Canada, July 27 – 31, 2014.

第 六 章

高被引主题结构与档案学科竞争力*

◇ 第一节 引言

2017 年 9 月 21 日，教育部发布"双一流"大学和学科建设名单，标志着我国世界一流大学和一流学科建设项目正式启动。中国人民大学、武汉大学和南京大学入选"图书情报与档案管理"一流学科名单。相较过去国家重点学科建设，此轮学科建设强调瞄准世界一流。因此，学术竞争力摆在了更加突出的位置。第四章和第五章我们对 18 种图书情报学 CSSCI 源刊进行了实证检验并得出了一些有益的结论。档案学作为"图书情报与档案管理"一级学科的重要组成部分，其学术竞争力的大小直接关系到整体图情档一级学科竞争力的大小。在此背景下，探索档案学科的主题结构和引用行为对于优化图情档一级学科建设，提升档案学科育人质量意义重大。

* 由于时间的限制，本章定稿见《图书情报工作》，拟于 2019 年 7 月前后刊登，全文内容有重要改动。

引用是论文学术影响力的表征,[①] 论文被他人引用越多,表明该论文在学科内的学术影响力越大。一旦期刊大量论文被集中引用形成高被引论文,则其引用不仅能够反映学科主题特征,同时也可反映学科队伍的一般引用行为。本章试图从高被引视角探索档案学优质期刊的主题结构及其引用行为特征进而提出优化档案学科的政策建议。其理论依据源于两方面:一是档案学优质期刊在表征档案学科主体特征方面具有代表性。相比会议等口头形式的非正式交流方式,期刊论文是学术正式交流平台;与此同时,相较于普通期刊论文和引文,CSSCI 来源期刊因在业内的学术影响力更大,整体质量更高,故被学界关注程度也最高。因此,其论文及引用更具代表性。二是论文及其引用数据符合客观性和随机性。引文数据是学科学术交流的一种客观反映。一个学科在期刊发表何种论文是同行评议的结果,但是学界引用哪一类论文却是作者自由选择。正是由于引用是一种随机的自发行为,最终所形成的高被引论文也具有随机性。换言之,高被引论文是在一定范畴的论文总体中抽取出学术共同体自发引用形成的一组论文集。

本章剩余部分安排如下:第二节梳理相关研究;第三节是数据和方法;第四节从样本的主题分布、演化特征和引用结构三方面来反映档案学高被引论文内容结构特征;第五节是讨论;第六节是结论。

---

① Eugene Garfield, "Citation Analysis as a Tool in Journal Evaluation", *Science*, Vol. 178, No. 4060, November 1972, pp. 471 – 479; Lutz Bornmann, Hans – Dieter Daniel, "What do Citation Counts Measure? A Review of Studies on Citing Behavior", *Journal of Documentation*, Vol. 64, No. 1, January 2008, pp. 45 – 80.

◇◇第二节　文献述评

运用期刊抽样探索档案学科建设现状业内已经开展了一些研究。从期刊抽样的视角来看，可将已有代表性研究分为三种：（1）期刊整体抽样。山东大学谭必勇等基于九种国际档案学期刊的微观统计，分析了档案学 2001—2010 年的国际进展。该研究发现国际档案学研究集中于档案学基础理论、档案法规及政策、档案与历史等；[①] 与上述抽样方式相同的是，武汉大学董克等通过抽取《档案学研究》和《档案学通讯》两本刊物 2007—2016 年的题录数据，运用主题模型方法研究了档案学的主题结构及其演化趋势。研究发现，近 10 年我国档案学的研究集中在学科范式、电子文件管理、档案信息服务、档案专业教育、专门档案管理等 12 个领域；[②] 中国人民大学卢小宾和高欢利用 CiteSpace Ⅱ 对 6 种国际档案学期刊进行宏观自动量化分析发现，国际档案学具备一定的开放性和包容性，档案学研究倾向于应用性，缺乏基础理论研究。[③]（2）引文抽样。黑龙江大学马海群等以《中国社会科学引文索引》数据库中 2002—2010 年间发表的 996 篇《档案学研究》被引文献为研究对象，利用关键词共现分析法绘制了中国档

---

① 谭必勇、袁晓川：《档案学研究的国际进展（2001—2010）——基于九种国际档案学期刊论文的计量分析》，《档案学研究》2013 年第 2 期。

② 董克、韩宇姝：《基于 Topic Model 的我国档案学主题结构与演化研究》，《信息资源管理学报》2017 年第 3 期。

③ 卢小宾、高欢：《基于 Web of Science 的档案学研究热点分析》，《档案学通讯》2015 年第 3 期。

案学研究主题的知识图谱，分析了基于关键词共现的热点演化趋势。[①]

（3）高被引抽样。南京大学杜雯和福建师范大学隋鑫先后选取国外四种档案学期刊和国内中国知网下的"档案学、档案事业"期刊进行高被引样本抽样，[②] 研究方法上杜雯着重从作者、年代和机构分布三方面探索其基本特征，隋鑫等则从关键词角度探索档案学主题特征。

以上研究为揭示档案学科研特征及其不足提供了有益的启示，但仍然存在三点缺憾：其一，相较期刊抽样和引文抽样，高被引抽样研究档案学科多元特征较少；其二，上述研究以刻画档案主题和机构的宏观特征为主，缺乏针对主题、演化和引用结构等微观特征的揭示；其三，以上研究重在长期样本的揭示，缺乏针对近年档案学样本特征的挖掘。

正是基于以上考虑，本章采取核心期刊高被引抽样研究。与历史同类研究相比，本章的特色在于：（1）目的不同。本章致力于通过高被引内容结构来刻画档案学核心期刊的主题结构和引用行为特征进而探索其中存在的队伍、主题、引文等相互关联的结构问题，区别于探索高被引的基本特征。（2）样本不同。本章从档案学两本 CSSCI 源刊获取被引频次在 10 次以上的高被引论文，时间区间位于 2012—2016年。区别于被引频次过高和引用区间更长时间的抽样。被引频次过高，研究样本获取不够全面；与此同时，被引时间区间过长，很可能是一篇经典论文，它未必能够揭示学科大众的一般引用行为，近期高

[①]　马海群、姜鑫：《我国档案学研究热点与前沿演进的知识图谱分析》，《档案学研究》2013 年第 4 期。

[②]　杜雯、李刚：《SSCI 档案学核心来源期刊高被引文献分析（1930—2009）》，《档案管理》2011 年第 5 期；隋鑫、樊如霞：《近十年我国档案学高被引论文热点分析》，《兰台世界》2015 年第 3 期。

被引更可能通过学术热点反映大众引用行为。因此，将样本区间限制在近五年，其研究结果的针对性和结论的稳健性更强。此外，本章与董克的研究均刻画了档案学典型期刊的主题结构，但是，相比较全样本抽样在揭示论文一般性的同时忽视了论文的高被引特征和引用行为特征，本章则弥补了上述不足，通过期刊主题和引用的联合刻画来探索档案学科现状及其问题是本章相较于其他研究的特色。本章是上述工作的延伸和深化，具有一定的互补性。

◇ 第三节　数据与方法

一　样本获取

文献计量学家 Bornmann 指出，论文是否被引用受时间、学科领域大小、期刊、论文类型、作者社交网络等众多因素的影响。[①] 因此，在抽取样本前需要对样本期刊、时间和被引频次等进行控制，以筛选出更能准确反映学科内容结构特征和作者一般引用行为的样本，提高研究的稳健性。

样本期刊。相较于档案学其他期刊，《档案学研究》和《档案学通讯》作为 CSSCI 源刊，在业内的关注度最高，其论文主题和引文具有典型性。

时间窗。被引受时间的影响十分明显。本章将时间窗确定在

---

① Lutz Bornmann, Hans-Dieter Daniel, "What do Citation Counts Measure? A Review of Studies on Citing Behavior", *Journal of Documentation*, Vol. 64, No. 1, January 2008, pp. 45 – 80.

2012—2016 年意在考察近期主题结构和引用行为特征。太短时间入围样本太少，难以发现更具普适性的规律；太长时间涉及经典主题引用的可能性越高。

被引频次。国际上界定高被引论文有百分比和被引频次两种。[①]众所周知，引用量与时间窗高度相关。汤森路透确定的 ESI 高被引论文是指近 10 年内发表且被引次数排在相应学科领域全球前 1%以内的SCI 论文。ESI 高被引论文范围广且发表周期长，样本数量巨大，以相对位置确定高被引论文；本书采取小样本探索两本典型期刊，且发表周期短，故以被引频次来划分。

综上所述，本章首先通过 CNKI 全文数据库获取档案学两种 CSS-CI 来源期刊被引频次在 10 次以上，时间窗 2012—2016 年的论文，检索日期为 2017 年 8 月 1 日值得说明的是，由于 2016 年无符合条件的高被引论文，故最终样本时间高为 2012—2015 年。（研究样本见附录）

二 研究方法

本章采用内容分析法对样本进行分析。首先，对样本划分主题类型。本章采取手工划分论文主题，每篇论文只确定一个主题类型，以区别于传统的多个关键词自动聚类在叠加统计方面形成的误差。其

---

① Yuh-Shan Ho, Michael Kahn, "A Bibliometric Study of Highly Cited Reviews in the Science Citation Index Expanded", *Journal of the Association for Information Science and Technology*, Vol. 65, No. 2, February 2014, pp. 372 – 385; Ying Ding, Blaise Cronin, "Popular and/or Prestigious? Measures of Scholarly Esteem", *Information Processing & Management*, Vol. 47, No. 1, January 2011, pp. 80 – 96.

次，对主题按照主题、演化和引用进行多元多统计分析，依次获得主题分布图、时间演化图表和引用结构图表。在此基础上分析近五年档案学高被引样本的主题、演化和引用行为特征。本章在参考档案学期刊划分类型的基础上，结合档案学惯例和样本内容拟定以下主题（见表6—1）。

表6—1 档案学主题划分一览

主题	内容
档案学理论	档案概念术语及其关系、档案价值、理论依据等
档案管理	偏业务层面的战略思考或总结，如管理模式、档案资源规划、管理标准规范等
电子文件管理	电子文件管理、电子政务系统中的档案管理
档案信息服务	以档案信息服务为落脚点的相关研究，包含手机档案服务、社会化服务、档案信息公开等
档案资源建设	以档案资源建设为主题的研究，包含数字档案整合、资源开发、档案网站建设等
专门档案	包含农村集体档案、口述历史档案、基层民生档案、医疗档案、人力资源档案等
档案教育与学科建设	有关教育与学科建设相关的研究
信息技术应用	以信息技术为中心的研究，包含虚拟现实、云计算、档案大数据、RFID 等
档案文化	以档案文化为主题的研究
档案信息安全	以档案信息安全为主题的研究，包含安全保障体系、档案系统风险等
社交媒体档案	以微博、微信为中心主题的研究
档案法	档案法律法规

◇◇ 第四节　结果分析

一　主题分布

图6—1雷达图反映了两刊高被引主题的分布情况，右上角为档案工作与学科建设主题，右下角为档案理论与宏观管理主题，左边区域为边缘和新兴交叉领域。各主题分布如下：

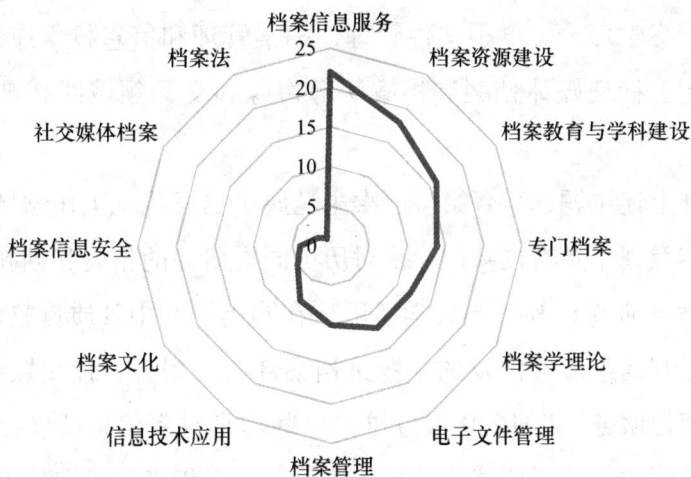

图6—1　档案学主题分布

（1）档案工作与学科建设

档案信息服务（22）、档案资源建设（18）、专门档案（14）、档案教育与学科建设（16）。

（2）档案理论与宏观管理

档案学理论（12）、电子文件管理（12）、档案管理（10）、信息技术应用（8）。

（3）边缘与交叉主题

档案文化（5）、档案信息安全（4）、社交媒体档案（2）、档案法（1）。

从主题规模分布来看，档案学高被引论文集中在档案工作、档案理论和教育与学科建设，边缘与交叉主题相对较少。档案工作与学科建设主题涉及学术共同体最多，尤以档案信息服务、档案资源建设和专门档案主题为最，这与董克采取主题模型方法所得到的结论有共通之处；档案学理论、电子文件管理、档案管理和信息技术应用次之；档案文化、社交媒体档案和档案法等边缘和交叉领域的高被引主题最少。

展开上述主题，尽管第一层次主题属于档案传统工作领域，但研究的内容及视角具有创新性，是对历史同类研究的拓展和创新，反映出《档案学研究》和《档案学通讯》在同类期刊中其质量整体较高。例如，档案信息服务涉及的主题是档案社会化服务、社交媒体服务、手机档案馆服务、Web2.0服务等，这些均是对新信息环境档案研究的拓展和深化。除了传统的高校档案以外，近年来的研究热点逐步向非物质文化遗产档案、人力资源档案、少数民族档案、口述历史档案、基层民生档案、农村档案、个人档案、病历档案等领域开展研究。云计算与云存储、档案大数据、虚拟现实技术、RFID、智慧档案馆等信息技术应用同样是结合时代的拓展。边缘与交叉主题高被引论文体现了学科的特色，其关注度和研究群体在高被引样本中最低，但特色性明显。

二 演化特征

图6—2 深黑、深灰、浅黑到浅灰依次表示2012—2015年的主题演化分布。2012和2013年的样本占比79.8%，2013年及更早的主题隶属高被引的主体，其规模反映了总体的引用行为。其余为2014和2015年样本。2012年样本中的主要主题是档案学理论、档案信息服务、档案教育与学科建设、专门档案；而在近期主题中，电子文件管理、信息技术应用、档案信息安全、社交媒体档案等主题于2015年最先入围高被引样本，2014年的高被引样本分布在档案资源建设、档案信息服务、专门档案、档案教育与学科建设等主题领域。观察图6—2可直观发现，相较2013年及更远时间，最近一年入围的高被引样本可窥见档案学引用行为的近期引用行为特征。下面以2015年为例观察快速获得高被引的主题分布（见表6—2）。

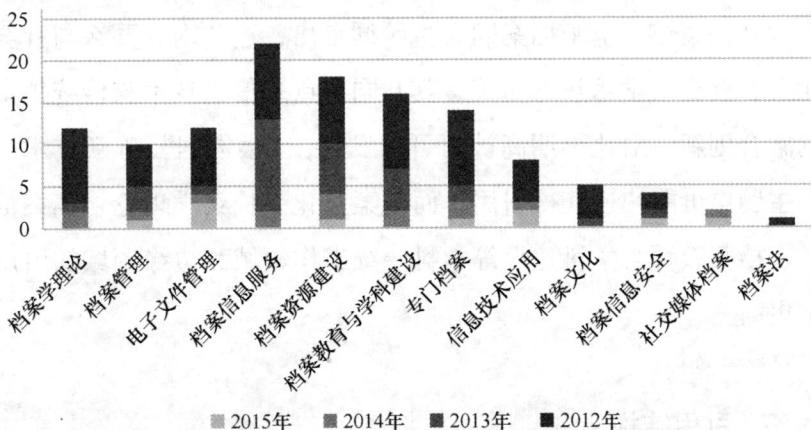

图6—2 基于年代的主题演化结构

表 6—2   2015 年高被引样本

主题	题名	被引频次
电子文件管理	电子政务系统中的档案管理：问题与思考	23
信息技术应用	档案大数据研究热的冷思考	23
档案信息安全	"大数据"时代档案信息安全管理新思考	19
档案管理	大数据视野下档案管理思维方式的转变	17
信息技术应用	试析智慧档案馆的兴起与未来发展	16
专门档案	三十年来我国少数民族档案研究现状与趋势	15
社交媒体档案	国家综合档案馆"官微"传播行为分析——基于新浪微博和微信平台的实证研究	14
档案资源建设	社交媒体环境下的档案信息资源建设探讨	11
电子文件管理	电子政务系统中的档案管理：安全保障	10
电子文件管理	电子政务系统中的档案管理：文件归档	10

根据近期高被引可以看出，信息技术与档案学的结合主题更容易在短时间内获得高被引。从论文题名主题词来看，大数据、社交媒体、智慧档案馆、电子档案四大主题词突出，这些内容要么与社会热点相关，要么与学术热点相关。其共同特点是信息技术与传统档案主题的融合创新。对比早期高被引可以发现，"大数据"等新技术以及宏观主题更可能快速获得引用，而档案文化、档案学理论、档案信息服务、档案教育与学科建设等学科传统工作领域和边缘领域的引用延迟率更高。

三 引用结构

档案学的高被引结构具有以下特征：本章涉及 124 篇高被引论

文，总引用为 2113 次，篇均引用 17.04 次。位于第一层次的高被引论文基本在 40 次以下。档案信息服务、档案资源建设、专门档案、档案学理论、档案教育与学科建设总引用规模位居前列；而在篇均引用上，档案学理论主题以 28 次之多位居首位，分析其作者发现，该研究集中在具有一定影响力的作者中（见图 6—3）。其中，冯惠玲教授的《档案记忆观、资源观与"中国记忆"数字资源建设》一文被引高达 112 次，远远高于其他学者的引用。根据文献计量学家 Bormann 的发现，作者声望是引用动机中较为重要的因素之一。冯惠玲教授作为档案学科发展的领军学者，在档案学领域享有极高声望，该文广受引用一方面表明论文主题对档案学科的引领作用较大；另一方面也不排除作者声望的影响。

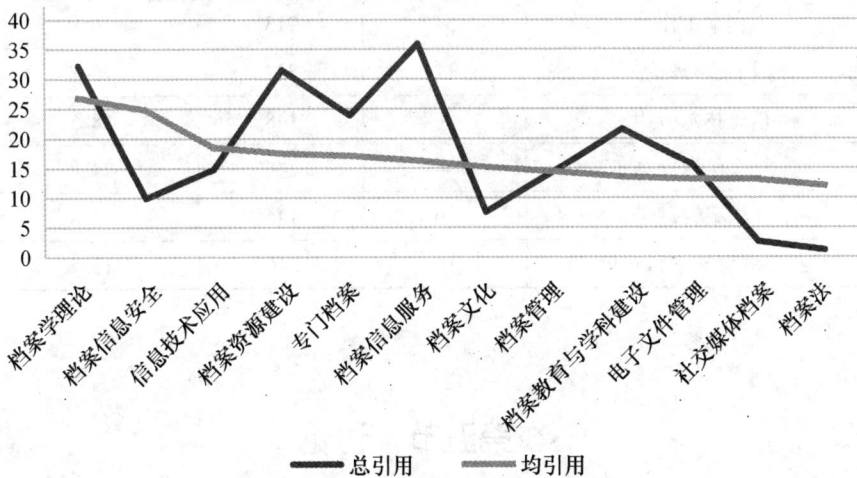

图 6—3　总引用与均引用折线图

注：总引用折线图是原始引用量除以 10 后拟合的结果，实际引用量是折线的 10 倍。

观察以上图形整体走势，篇均引用与总引用曲线并不对应。篇均引用位于前列的是档案学理论，而电子文件管理和档案法居于最后。下面将档案信息服务、档案资源建设、专门档案三大主题纳入档案工作主题，得到排名前六位的总引用和篇均引用情况，如表6—3所示。档案工作（913）、档案学理论（322）和档案教育与学科建设（216）的引文规模较高，表明档案学科参与该主题研究的作者最多；档案学理论（26.8次）、档案信息安全（24.8）和信息技术应用（18.5）三大主题的篇均引用位居前三，表明该主题下的论文关注度最高，但参与度并不高。

表6—3　　　　　　　　六大高被引主题的引用结构分布

主题	论文篇数	总引用	篇均引用
档案工作	54	913	16.9
档案学理论	12	322	26.8
信息技术应用	8	148	18.5
档案信息安全	4	99	24.8
档案管理	10	144	14.4
档案教育与学科建设	16	216	13.5

◇ 第五节　讨论

一　学术队伍规模有待加强，新兴技术主题有待提升

首先，从学科间比较来看，档案学研究与图书馆学研究一样，均

偏向于实践性，不同于情报学研究更体现出纯科学性；[①] 从队伍上来看，相较于图书馆学和情报学，档案学科队伍有待进一步扩大。众所周知，学科队伍规模越大，论文产量越高，整体引用规模越高。然而，档案学期刊在 20 种 CSSCI 源刊中仅占两席，远低于图书情报学科表明档案学队伍的整体规模在"图书情报与档案管理"一级学科队伍中较低。其次，从学科内比较来看，档案学科队伍在传统主题参与度更高，新兴技术主题队伍不足。档案工作、档案学理论和档案教育与学科建设等传统经典主题在业内参与度高；与此同时，档案学理论、信息技术应用研究成果整体较少但篇均引用较高，表明业界对其的关注度整体较高但整体优势并不突出，属于档案学亟待发展的领域。

　　最新研究均表明，引用是学术质量反映的一个维度，学术质量的核心是研究内容。[②] 未来提高档案学科整体建设需要在拓宽档案人才队伍结构的基础上强化论文主题内容建设。中国档案学会档案学基础理论学术委员会 2014 年在福建厦门发布的《档案学专业高等教育发展情况调查报告》中指出，[③] 制约档案学发展的突出问题是人才和师

　　① 周晓英、董伟、朱小梅等：《图书馆学情报学高影响力论文特征及所反映的学科差异分析》，《中国图书馆学报》2012 年第 4 期。

　　② Zhang Lin, Ronald Rousseau, Gunnar Sivertsen, "Science Deserves to be Judged by its Contents, not by its Wrapping: Revisiting Seglen's Work on Journal Impact and Research Evaluation", *PloS One*, Vol. 12, No. 3, March 2017; Lutz Bornmanna, Loet Leydesdorff, "Does Quality and Content Matter for Citedness? A Comparison with Para-textual Factors and Over Time", *Journal of Informetrics*, Vol. 9, No. 3, July 2015, pp. 419 – 429; Loet Leydesdorff, Lutz Bornmann, Jordan Comins, et al., "Citations: Indicators of Quality? The Impact Fallacy", *Frontiers in Research Metrics and Analysis*, Vol. 1, No. 1, August 2016, pp. 1 – 15.

　　③ 冯惠玲、张斌、桑域毓等：《档案学专业高等教育发展情况调查报告》，第四届全国档案工作者年会，福建厦门，2014 年 9 月 18 日。

资规模，这已成为中国档案学会和众多档案人才培养单位的共识。①
推进档案学科队伍规模建设不仅有利于丰富和优化档案学科的主题结
构和引用结构，同时关乎学术交流的活跃性和深入性，影响到学者间
成果的相互碰撞和彼此激发。

二 探索档案学开放战略，基于学科融合提高研究层次

实证结果表明，档案学研究高被引成果集中在档案工作与服务主
题上，相对欠缺理论工作和更为开放的跨学科研究工作，包括二级学
科内的交流和一级学科平台间的交流。众所周知，学科建设的核心是
学科理论建设，通过将档案工作上升到更具普适性的一般规律上来指
导不断变化的档案实践是学者开展研究工作的核心使命。因此，未来
"双一流"建设在重视图情档应用研究的同时，也将逐步强化学术理
论上的贡献，提升研究的原创性。但是，做出业内广泛认可的应用基
础理论成果并不容易，不仅有赖于具有引领作用的档案学人长期坚
持，还离不开一支规模合理的学科梯队广泛参与。

强化理论建设和提高队伍规模有赖于实施开放战略。② 一方面基
于档案学本身从历史学、管理学、法学、传播学、社会学和信息技术
视角开展研究；③ 另一方面探索将传统的档案工作上升到文献信息或

① 佚名：《2017 全国档案学会秘书长会议在北京召开》，《中国档案报》2017 年 4
月 3 日第 1 版。

② 卢小宾、高欢：《基于 Web of Science 的档案学研究热点分析》，《档案学通讯》
2015 年第 3 期。

③ 冯惠玲、张斌、徐拥军等：《多学科视角下的档案学理论研究进展》，载《创
新：档案与文化强国建设——2014 年档案事业发展研究报告集》，中国文史出版社 2014
年版，第 1—61 页。

信息资源等抽象对象层面开展理论研究,[①] 有利于挖掘档案学和图书馆学、情报学等兄弟学科的有机联系，同时也有利于与历史学、社会学、管理学和计算机应用等学科展开一定的对话机制，通过学科融合与优势互补有助于提高档案学的研究层次。换言之，推动学科由学科内部开放逐步走向学科间合作是未来实现档案学科理论创新和队伍梯队建设的重要途径。

◇ 第六节　结论

本章从高被引文献的视角刻画我国档案学科的引用行为及其主题结构特征，其目的在于借助档案学高被引结构的微观刻画明确现状和不足，进而优化档案学科竞争力。基于近 5 年 CSSCI 源刊 124 篇高被引论文 2113 条引文研究发现：（1）档案学热点引用主题集中在档案工作（包括档案信息服务、档案资源建设和专门档案）和学科建设领域；（2）档案学期刊引文数量远低于图书情报学引文，档案学理论和新兴技术主题篇均引用数量位居前列但总引用较档案工作相对较低，新兴社会热点和知名学者对学科高被引的形成具有重要影响。上述发现表明，档案学总体队伍规模较小且发展相对不均衡，具体表现在档案工作和学科建设等传统领域形成较为稳定的队伍规模，而在档案学理论和新兴技术领域整体规模相对不足。

当然，本章也存在不足之处。首先，小样本在揭示高被引主题特征方面存在一定不足；其次，少数主题划分存在一定争议性降低了研

---

① 冯惠玲、周晓英：《信息资源管理研究与教育：一个大有作为的领域》，《图书情报工作》2004 年第 9 期。

究结论的稳健性。手工操作中少数论文存在多种聚类方式，这些争议对主题划分和后续比较客观上造成了一定的误差。上述不足之处将在未来的研究中加以弥补。

本章对档案学科理论建设和实践具有一定的指导作用。首先，本章进一步丰富了高被引论文探索档案学科规律特征的内涵，为档案学科主题及其引用行为特征提供了实证证据。其次，档案学研究需要强化应用基础理论研究和新兴技术应用研究以改善学科主题结构和引用结构，实践上需要实施开放战略进一步优化学科队伍结构，着力将档案工作研究上升到更具普适性的理论方法研究，通过学科开放与融合提升档案学研究层次，为未来实施"双一流"建设提供有力的支撑。

第 七 章

信息管理学科整合：一个变革指标模型

◇ 第一节　引言

　　党的十八届三中全会制定了市场经济将在未来社会发展中起决定性作用的战略决策，这意味着我国将进一步以市场机制促进各项事业改革，包括深化教育体制改革。笔者曾在第二章中结合市场经济与本学科发展的关系做了初步理论研究，发现：一方面市场经济迫使高等教育在更大范围内按照市场规则深入推行优胜劣汰，不同学科间办学竞争更为激烈；另一方面市场经济推动行政部门简政放权以巩固消费者的主体地位，传统专业评价较低的专业将面临市场的严峻考验。图书馆学和档案学在高考专业竞争中作为高度依赖调剂发展的专业，其未来发展堪忧。不同于学科建设，高等教育专业办学在市场起决定性作用背景下越发是一种市场行为，其需要依赖市场消费主体来决定。第二章我们分析了图情档学科面临的教育外部环境，探究了市场可能对学科建设造成的影响，第三章从声望视角进一步分析了图书馆学专业社会声望不足对专业可持续发展的制约，第四到六章从图情档学科主题结构和引用规律层面刻画了图情档的学科结构和引用行为特征，从实证上揭示了图书馆学和档案学在图情档整体竞争力中的不足。本章将在前述研究基础上，拟从学科整合视角进一步分析图情档学科和专业发展存在的若干重要问题，通过深入理论分析构建一个变革指标模型。

◇ 第二节　研究述评

本章所讨论的信息管理教育，主要指图书馆学、情报学和档案学的教学与科研活动。由于本学科与图书馆、科技信息所和档案馆行业联系十分紧密，故探讨学科整合有必要将行业的重要实践纳入其中。

一　历史回顾

20 世纪中叶，以美国为代表的西方文献工作团体强烈渴望将图书馆学、目录学和文献工作转变为信息科学（Information Science，图书情报学界习惯将其翻译为情报学，下同），于是在 1968 年率先将美国文献工作学会更名为美国信息科学学会，[①] 由此拉开了西方图书情报学科向信息科学转型的序幕。1974 年，联合国教科文组织在巴黎召开的世界科技信息系统大会上提出建立关于文献工作、图书馆和档案服务规划的构想，在全球首次以官方的名义提出整合图书馆、档案馆和各类文献机构，并将这一构想取名为"国家信息系统"。20 世纪

---

① Michael Buckland, "What Kind of Science can Information Science Be?", *Journal of the American Society for Information Science and Technology*, Vol. 63, No. 1, January 2012, pp. 1 – 7.

80 年代，英国专业图书馆与信息局联合会（Association for Special Libraries and Information Bureaux，ASLIB）改名为信息管理联合会（Association for Information Management）。[①] 20 世纪 90 年代末，时任美国信息科学学会主席尤金·加菲尔德博士倡导增加本学科的技术要素，于是在学会成员的共同努力下于 2000 年将学会调整为美国信息科学与技术学会（American Society for Information Science & Technology）。为了加快学会的国际化步伐，学会于 2013 年更名为信息科学与技术联合会（Association for Information Science & Technology，ASIS&T）。在教育界，2003 年美国 10 所以图书情报学研究生院为主体的教育机构发起创办了"信息学院"联盟，组织的目标是研究有关信息的现象、行为、政策与技术，提高上述领域的领导力以迎接信息变革的挑战。

我国开展学科整合研究至今 40 年。1978 年底，中国科学院图书馆（现中国科学院文献情报中心）率先在业界提出"图书情报一体化"的构想，强调图书馆要加强情报职能建设。[②] 1985 年，张晓林发表了《应该转变图书馆研究的方向》一文，指出图书馆和情报所、咨询中心、信息中心等均属于情报交流机构，为此，建议业界向更能揭示图书馆实质的情报研究转型。[③] 同年 11 月，中国科学院图书馆正式更名为"中国科学院文献情报中心"。1986 年，万良春系统论证了学科名称规范问题，并提出以"文献信息学"整合图书馆学和情

① Blaise Cronin, "The Waxing and Waning of a Field: Reflections on Information Studies Education", *Information Research*, Vol. 17, No. 3, September 2012, p. 9.

② 万良春：《试论科技图书馆的情报职能与图书情报一体化——兼评〈对图书情报一体化问题〉的质疑》，《图书情报工作》1982 年第 1 期。

③ 张晓林：《应该转变图书馆研究的方向》，《图书馆学通讯》1985 年第 3期。

报学专业。① 同年底，黄宗忠提出了图书馆学、情报学和档案学专业整合的构想，指出由专才向通才变革以适应图书情报档案一体化的时代潮流。② 1992 年，北京大学率先将图书馆学情报学系更名为信息管理系，标志着图书馆学和情报学向信息管理学整合的可能性。90 年代以来，包括湘潭大学在内的多家高校将图书馆学与档案学本科专业合并，组建文献信息管理专业，受到了学生的欢迎，③ 山西大学和安徽大学相继开设信息管理专业。④ 1996 年，业界多位知名学者就一级学科命名提出了包括"文献信息管理"在内的多种看法。⑤ 两年后，教育部学科目录发布，图书馆学、情报学和档案学组建成一级学科归入新成立的管理学门类；图书馆学和档案学在本科层次独立招生，停止信息学和科技档案学专业招生，信息学与经济信息管理、管理信息系统等本科专业组建信息管理与信息系统专业，同时在研究生层次恢复"情报学"名称招生。上述改革将学科整合的讨论引向了高峰。⑥ 孟广均于 2000 年提

---

① 万良春：《确立"文献信息"概念，建立"文献信息学"》，《图书情报知识》1986 年第 1 期。

② 黄宗忠：《试论图书情报档案一体化的发展趋势》，《武汉大学学报》（社会科学版）1986 年第 6 期。

③ 侯经川：《关于〈普通高等学校本科专业目录〉信息管理学科部分的修订建议》，《情报理论与实践》2010 年第 9 期。

④ 霍国庆：《信息管理与信息管理专业——记山西大学信息管理系》，《晋图学刊》1993 年第 3 期；谢阳群、邓以宁、吴昌合：《关于设立信息管理专业的几个问题》，《情报科学》1994 年第 2 期。

⑤ 孟广均：《关于学科建设和名称设置之我见》，《图书情报工作》1996 年第 3 期。

⑥ 孟广均：《重视发展二级学科，科学定名一级学科——再论本学科建设问题》，《图书情报工作》2000 年第 12 期；程焕文：《高涨的事业与低落的教育——关于图书馆学教育逆向发展的思考》，《中国图书馆学报》2001 年第 1 期；荀昌荣：《论图书馆学档案学专业人才培养整合模式》，《中国图书馆学报》2001 年第 1 期；傅敏、刘兹恒、王子舟：《图书馆人才需求与图书馆学教育》，《图书情报工作》2003 年第 3 期；王知津：《我国图书馆学教育面临新的转折和选择》，《图书情报工作》2003 年第 3 期。

出本学科以"信息资源管理"一级学科命名的建议，浙江大学于2003 年在全国高校率先将图书馆学和档案学两个本科专业合并为信息资源管理专业招生。2006 年，新一轮学科目录调整准备工作开始，业界就维持一级学科名称还是改革学科名称再次进行了广泛论战。① 2007 年，叶继元围绕国外 iSchool 运动探讨了在新环境下整合图书馆学、情报学等相关信息学科的必要性，提出了凝练学科总体目标、建立有效交流机制等建议，2009 年以来，肖希明等人先后围绕学科整合进行了理论探索和相关国内外调查，提出了整合学科名称、改革课程设置、融合教学内容等建议。② 2012 年，最新教育部本科目录发布，一级学科名称没有实现整合，图书馆学、档案学仍然以独立招生资格保留，同时增加信息资源管理新专业。

二　发展评价

从上述实践来看，国内外均对图情档的学科整合进行了大量探索。可将推动学科整合的原因归纳为四个方面：（1）从学科特点来看，图情档学科本身有可供整合的学理基础；③（2）从研究诉求来

① 沙勇忠：《迈向数字时代的图书馆学教育：在规范中寻求发展——教育部高校图书馆学学科教指委 2008 年工作会议暨系主任联席会议观察》，《中国图书馆学报》2009 年第 1 期。

② 叶继元：《iSchools 与学科整合》，《图书情报工作》2007 年第 4 期；肖希明、卢娅：《论图书馆学情报学教育的整合》，《图书情报工作》2009 年第 5 期；唐义、郑燃：《iSchools 运动与学科整合：现状及趋势》，《图书情报知识》2012 年第 6 期；唐义：《我国图情档教育中学科整合现状的调查与分析》，《图书馆杂志》2014 年第 3 期。

③ 肖希明、唐义：《图书馆学博物馆学档案学课程体系整合初探》，《中国图书馆学报》2014 年第 3 期。

看，业界不满足于研究问题的职业化倾向，期待能够将工作问题上升到更具普适性的一般规律问题上来，通过强化学科建设的理论性来提升学科地位；① （3）从学科规范和专业术语的使用来看，整合有利于促进事业发展；② （4）从教育竞争环境来看，以特定职业部门定位的专业教育不适应市场经济环境对人才培养的素质与效益要求。③

尽管国外本学科教育格局与我国存在差异，但仍能反映出一些实质信息——国外较为重视学会团体及其名称改革在促进学科发展中的价值，其整合正由学会名称的使命定位向更为深入的内容融合深层次发展。反观国内，尽管我国在整合方面所开展的理论研究并不逊于国外，且在整合的利弊方面业已形成若干共识，但在实践上却不尽如人意，这在一定程度上制约了信息管理教育事业的发展。整合的理论与实践研究有待突破。

长期以来，图情档学科是面向三大职业部门的学科，④ 故当讨论学科整合时自然会涉及图情档实务界和教育界两大团体。下面主要从团体角色层面来比较二者的分歧，主要可归纳为两个方面：

一是职业目标不同导致的分歧。实务界主要通过实践研究服务于

---

① 苏新宁：《提升图书情报学学科地位的思考——基于 CSSCI 的实证分析》，《中国图书馆学报》2010 年第 4 期；张晓林：《应该转变图书馆研究的方向》，《图书馆学通讯》1985 年第 3 期。

② 万良春：《确立"文献信息"概念，建立"文献信息学"》，《图书情报知识》1986 年第 1 期；马费成：《规范学科名称，促进学科发展》，《图书情报工作》1996 年第 3 期。

③ 黄宗忠：《试论图书情报档案一体化的发展趋势》，《武汉大学学报》（社会科学版）1986 年第 6 期；陶俊：《信息管理一级学科的变革路径研究》，《图书情报工作》2013 年第 6 期。

④ 李刚、孙建军：《从边缘到中心：信息管理研究的学科范型嬗变》，《中国图书馆学报》2008 年第 5 期。

事业发展，其目标具有应用性和一元性特征；教育界的目标是培养适应市场竞争力的未来科技人才，它更加受到邻近学科专业的市场化竞争的影响，其目标强调理论性和多维性。这种职业使命的差异决定了二者在整合的态度上容易存在潜在分歧。尽管图情档的学科整合在学科归属上取得了初步成效，但专业竞争力长期难以达到社会大众对专业附加值的心理预期。故从理论上来讲，教育界推动学科整合的潜在愿望较实务界高得多。

二是教育理念不同导致的分歧。教育界在"学科向何处去"这一根本问题上形成了截然不同的两种思路：一种观点认为，学科发展须依附于图书馆等职业部门走职业化教育道路；[①] 另一种观点针锋相对，指出当前的学科危机正是由于职业教育定位所致，以职业化名称统领学科有悖学科发展规律，故应走学科教育之路培养"宽口径、厚基础"的通才。[②]

不难发现，学科问题本质上属于教育问题，故推进学科变革要以教育界为主导，衡量教育改革是否成功宜以学科是否符合教育发展规律作为根本标准。

◇◇第三节　信息管理学科整合的变革指标

任何学科均有基本的成长规律。只要找到学科的规律性指标就可

[①] 傅敏、刘兹恒、王子舟：《图书馆人才需求与图书馆学教育》，《图书情报工作》2003年第3期；于良芝：《图书馆学教育呼唤战略思维》，《图书与情报》2006年第4期。

[②] 陶俊：《信息管理一级学科的变革路径研究》，《图书情报工作》2013年第6期。

能做到深化改革，有的放矢。为此，笔者试提出以下指标，以构建变革指标模型，供业界同人共同探讨。

一 理论性

理论是科学研究的出发点和归宿。[①] 信息管理学科隶属于社会科学下的管理学门类。管理学中的理论是一组相互关联的概念及其因果联系的陈述，它用来解释为什么某种结果会在特定条件下发生，达到解释和预测社会现象的目的。[②] 图情档学科的主要内容集中于特定部门的工作经验、方法、技术与职业服务，其课程主要包括图书分类编目、读者与参考服务、文献信息检索、藏书建设、档案管理与保护，其培养人才的着眼点都是面向文献辅助部门培养职业技术人才。[③] 这一职业化定位与科学研究强调的理论性相矛盾。[④] 正因如此，苏新宁等提出应加强理论建设。[⑤]

在同一体系中，理论具有不同的层次。[⑥] 较低层次的理论是由较高层次的理论演绎或推导而来，上层理论往往成为中下层理论和职业

---

① 刘军：《管理研究方法：原理与应用》，中国人民大学出版社 2008 年版，第 63—69 页。

② 陈晓萍、徐淑英、樊景立：《组织与管理研究的实证方法》（第二版），北京大学出版社 2008 年版，第 69 页。

③ 李刚、孙建军：《从边缘到中心：信息管理研究的学科范型嬗变》，《中国图书馆学报》2008 年第 5 期。

④ 张晓林：《应该转变图书馆研究的方向》，《图书馆学通讯》1985 年第 3 期；刘军：《管理研究方法：原理与应用》，中国人民大学出版社 2008 年版，第 63—69 页。

⑤ 苏新宁：《提升图书情报学学科地位的思考——基于 CSSCI 的实证分析》，《中国图书馆学报》2010 年第 4 期。

⑥ 刘军：《管理研究方法：原理与应用》，中国人民大学出版社 2008 年版，第 63—69 页。

应用的方法论。上层理论因涵盖的范围较广往往包含较多的下层理论而成为基础理论。以信息检索为例，其层次为"模式识别—信息检索—数字图书馆—文献检索服务—图书馆"。模式识别的研究目标是将对象进行分类，其理论可应用于信息检索、数据挖掘、图像分析、生物统计等多个应用领域；[①] 信息检索理论不仅可应用于数字图书馆，还可应用于数字档案馆、电子商务、电子政务、搜索引擎等多个应用场景；数字图书馆理论既可应用于图书馆资源检索开发，还可应用于数字档案馆和各类商业数字系统建设；文献检索服务作为具体的职业服务形态，其理论性基本处于最下层，仅表现为信息服务企业、图书馆等多种职业服务形态。图情档学科因定位于工作实践，其理论性要么缺失，要么处于最下层。

下层理论缺乏解决研究问题的普适意义，而上层理论则来源于相对成熟的基础学科或多个中层理论的抽象建构。管理学界研究的理论创新多表现为运用下层理论的操作假设和上层理论的抽象基础建构中层理论。[②] 与其他学科不同，图情档本质表现为从职业出发回归到职业实践，运用前置学科如计算机科学、经济学、政策学、社会学的基础理论开展理论创新活动的情况相当少，其职业归宿导致既相对缺乏建构中上层理论的动力机制，也容易忽视建构中上层理论所需要的前置学科理论基础。因此，图情档研究缺乏理论性不是偶然的，既有学科定位于职业应用的属性因素，也有专业课程设置相对集中于职业应用部门的情境因素。

---

① ［希腊］Sergios Theodoridis、［希腊］Konstantinos Koutroumbas：《模式识别》，李晶皎等译，电子工业出版社 2010 年版，第 1 页。

② 陈晓萍、徐淑英、樊景立：《组织与管理研究的实证方法》（第二版），北京大学出版社 2012 年版，第 68 页。

二 核心领域

美国著名政治学者 D. Waldo 说，学科必须有一个坚实的核心和健康的外围，正是这些使之区别于其他研究领域。[①] 加州大学伯克利分校知名学者 M. Buckland 研究发现，美国信息科学的核心是信息检索和文献（信息）计量学，[②] 图书馆学的核心则是包括分类法、检索语言、本体、信息描述、元数据、语义网等在内的知识组织研究。D. Hawkins 等对 Information Science Abstracts 进行定量统计后总结了信息科学的研究主题，提出信息科学主题分类表。其中居前二位的是以信息检索、人机交互、用户行为为主的检索研究和以词表与分类、摘要与索引、数字标准与协议为主的知识组织研究。[③] 这些领域具有相当长时期的研究积淀，已经形成了相对稳定的学科群体，属于学科的核心特色。从研究内容上来看，尽管仍表现为以应用实践研究为主，但相较本学科的其他具体职业研究，这些领域因专业累积性较强，方法创新具有一定的普适推广意义，其地位更为重要。与此同时，从研究属性和方法论来讲，其应用性属性致使其仍属于中下层，其赖以发

①　Dwight Waldo, "Scope of the Theory of Public Administration", *Theory and Practice of Public Administration*, Phila delphia: American Academy of Political and Social Science, 1968.

②　Michael Buckland, "What Kind of Science can Information Science be?", *Journal of the American Society for Information Science and Technology*, Vol. 63, No. 1, January 2012, pp. 1 - 7.

③　Donald T. Hawkins, Signe E. Larson, Bari Q. Caton, "Information Science Abstracts: Tracking the Literature of Information Science. Part 2: A New Taxonomy for Information Science", *Journal of the American Society for Information Science and Technology*, Vol. 54, No. 8, June 2003, pp. 771 - 781.

展的前置理论则在计算机和数学等基础学科中。

笔者将上述领域归纳为技术学派（检索系统、知识组织）、行为学派（人机交互行为、信息检索行为）和数理方法学派（文献计量学、科学计量学、信息计量学）三大方面。相较国外在这些核心领域的研究，国内教育界在上述核心领域的研究则不够突出。国内业界将图书馆职业工作和新兴信息概念来作为研究主题的论文相对较多，这些研究大多难以上升到学术研究强调的普适性层面。陈传夫在研究中美图书馆学引文的差异时发现，中国重视动态知识和现实知识，美国则更重视稳定知识和累积知识，并得出我国的图书馆学研究相对缺乏理论积累与学术传承的结论，[①] 这与多数论文的主题相吻合。核心领域研究的相对缺失一定程度上影响了学科的整体理论建设。

三 规模性

20 世纪 90 年代市场经济体制的确立和高等教育大众时代的来临深刻影响了高校办学的变革，主要表现在市场经济体制要求高校培养专业附加值高的"宽口径、厚基础"复合型人才。为此，许多学科响应改革号召调整专业名称，专业数量由 1993 年的 504 种下降到 1998 年的 249 种，降幅高达 50.6%。[②] 信息管理与信息系统、机械设计制造及其自动化、工商管理等一大批新兴专业在合并原有的多个窄口径

---

① 陈传夫、王云娣：《中美图书馆学借用知识的比较观察——基于十年引文的分析》，《中国图书馆学报》2010 年第 6 期。

② 中华人民共和国教育部：《普通高等学校本科专业目录（1998）》，2014 年 5 月 30 日（http://www.moe.gov.cn/publicfiles/business/htmlfiles/moe/s3882/201010/xxgk_109699.html）。

专业后于 90 年代末产生，图书馆学和档案学在焕然一新的市场竞争格局中逐步处于颓势——高等教育虽在就业上推行市场经济却在招生上仍采取计划管制的政策，两专业最终得以艰苦发展至今。

单位：所

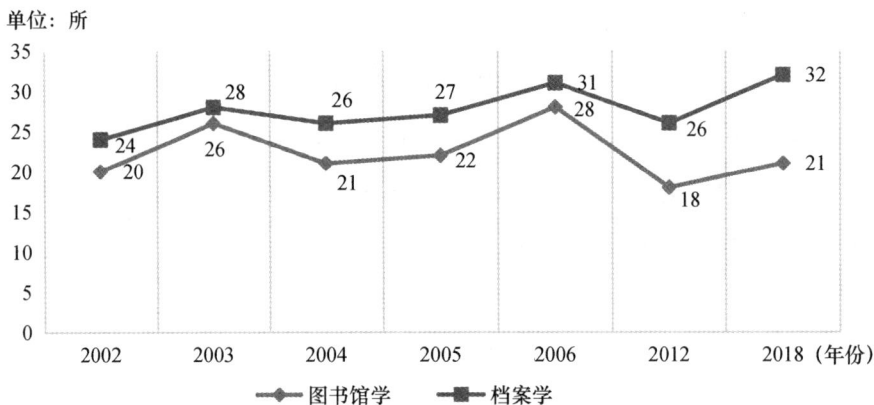

图 7—1　进入 21 世纪本科招生高校数量变化

注：以上数据不包含以社会科学试验班或信息管理类、工商管理类招生的高校。

资料来源：2012 年以后数据来源于教育部阳光高考平台①，其他数据来源于文献②。

　　专业依托的职业土壤相对贫瘠从根本上扼制了教育的规模性。以图书馆学为例，图书馆对我国公众的依附价值一直没有培育起来。20世纪八九十年代，中国发展图书馆事业缺乏经济基础；进入 21 世纪，大众精神生活需求的高涨和国家对文化建设的持续投入为图书馆事业带来了发展的春天，但网络化和移动化也在这一时期快速发展并走向成熟。因此，中国作为典型的后发国家，图书馆先后受到经济条件不

---

① 阳光高考，2018 年 9 月 10 日（http://gaokao.chsi.com.cn/）。

② 陈传夫、吴钢、唐琼：《改革开放三十年我国图书情报学教育的发展》，《图书情报知识》2008 年第 5 期。

成熟和信息技术高度成熟的双重扼制，致使其一直未能从边缘走向大众生活的中心；以美国为代表的西方发达国家则是在信息社会来临之前即实现了图书馆在社会大众中的依附价值。尽管职业环境整体好于我国，但由于 2008 年经济危机的影响，西班牙、美国图书情报教育均反映出萎缩的发展态势。[①] 伴随着数字社会的全覆盖，全球以文献服务为中心的图书馆价值观正面临瓦解。为此，国际图联倡导挖掘图书馆作为生活场所价值的功能，以打造城市"第三空间"来缓解公共图书馆面临的潜在危机，美国波士顿公共图书馆正率先践行这一服务理念。[②] 在此背景下，图书馆学教育的专业附加值越发难以体现。

由此发现，在高等教育大规模扩招、文化事业高歌猛进和极为有限的办学单位相互竞争的多重利好环境下，图书馆学、档案学在高等教育中的市场占有率不仅没有得到持续扩大，反而仍趋于整体性萎缩（见图 7—1）。研究生层次的招生单位尽管在扩招以后绝对数量有所增长，但相较其他管理学科门类在扩招时代的强势发展，其相对增长率仍落后于同学科门类其他学科。这从侧面反映了本学科专业定位的市场承载能力十分有限。

学生规模不足也影响到整体师资的规模及其附件设备，包括课程设置的多元化、研究成果的数量和高质量的科研产出等。

---

① Tatjana Aparac-Jelusi, Fidelia Ibekwe-SanJuan, et al. , "Crossing the Boundaries in Information Science: Perspectives on Interdisciplinarity", *Proceedings of the American Society for Information Science and Technology*, Vol. 50, No. 1, May 2013, pp. 1 - 3.

② Library M. P. , "IFLA Metropolitan Libraries Survey", 2012 - 5 - 22, http: // www. ifla. org/files/assets/metropolitan-libraries/publications/annual-statistics/annual-statistics_2010/libraries-in-changing-times - 2010_ 2012 - 05 - 22. pdf；陶俊、孙坦、金瑛：《总分馆制下公共图书馆的服务模式研究——以美国波士顿公共图书馆为例》，《图书馆建设》2010 年第 8 期。

四　开放性

开放性是学科健康发展的关键外部指标。图情档学科的开放性不足表现在：（1）职业定位导致教育界与其他学科教育界交融性差。与以学术理论创新作为发展动力的其他学科范式不同，定位于职业教育的图情档学科本质受实践变化促进学科发展。图情档教育界作为学科建设的主体，本质上承担着为实务界输送支撑职业发展的中上层理论的使命，理论研究要求教育界需要与其他学科教育界紧密开展理论研究与合作，而职业化属性却使得教育界的学术活动长期扎根于实务界中进行：一方面职业土壤为教育界的潜在理论创新提供了丰富的研究案例和应用基地，有其积极的一面；另一方面离职业部门太近又容易受到职业范式的影响乃至固化到职业范式中，而忽视由应用研究回归到理论抽象这一职业使命。（2）管理体制条块分割导致一级学科内部交融性差。由于图书馆学、情报学（情报学和图书馆学本质上同源，二者拥有共同的理论基础和研究对象，故联系相对紧密）与档案学分属中国图书馆学会、中国科技情报学会、中国档案学会三大学会管理，三大学科长期独立以学会为纽带开展学术交流，故尽管同属一级学科，但学科内部仍然相对缺乏开放的交流通道。处于理论末端的职业教育定位导致图书馆学、档案学缺乏共同的理论方法课程，学科内部的理论融合机制较差。（3）人才开放流动性差。较窄的学科定位使得学科难以有效包容其他学科人才流入开展更为开放性的学术理论研究，极少数高校开展人才培养一方面导致学科教师队伍面临潜在萎缩的困境，另一方面加剧了学科队伍的近亲繁殖现象。（4）研究成果的对外传导性弱。相较其他学科围绕理论建设为主的学科成长环境，本学科定位于职业部门导致研究成果集中在职业应用层面，研究成果的普适性相对不足，这限制了其向其学科和行业辐射的能力。

以同样于 1998 年建立的"公共管理"一级学科为例，尽管该学科也存在某些局部问题，但历经 10 余年由一株学科幼苗发展到如今已具有相对稳定的学科规模，这与其学科定位具有开放性，学科人才广泛来自于政治学、经济学、社会学和管理学等不无关系。这种开放性不仅为学科提供了多样化的中上层理论来源，还有效避免了学科的近亲繁殖现象，促进了研究成果向其他学科传导与交融的效率，进而使学科发展的多样性和可持续性得到保证。

综上所述，理论性（A）作为学科发展的灵魂已成为科学界的共识；核心领域（C）则是一门学科区别于其他学科所独有的特色；规模性（S）对外决定了学科提供人才的贡献率，对内关系到学术交流的活跃性；开放性（O）则是推动学科配套设施高效运转的纽带。其中，前二者是学科健康发展的核心，后二者是学科健康发展的外围，四者共同构成了学科可持续发展的支柱。当前窄口径的职业教育定位制约了四大指标的发展。

◇第四节　面向学科教育的研究范畴与理论基础

既然职业教育难以可持续，拓宽专业口径、推动职业教育向学科教育变革就成为必需。推动变革首要解决的问题是确立学科的研究范畴与理论基础。一门学科在高等教育体系中是否能够持续健康发展，重点在于是否能够依托专门研究对象培养适应时代发展的人才。信息管理作为一级学科，笔者将其研究对象划分为信息本身的管理、信息机构的管理、非信息机构的信息管理三大范畴，它们分别对应宏观、微观和中观三个层次（见表7—1）。

表 7—1 信息管理学科的理论层次框架

层次	内容
宏观	IT 战略管理、IT 产业组织、信息经济学、信息系统、信息检索原理、信息计量学、网络传播学、语义网、信息分析、数据可视化、大数据挖掘、信息法学、信息管理史
中观	企业信息管理（电子商务、战略管理、知识管理）、公共信息管理（政府、文化、科教、卫生等，如电子政务、远程教育、数字出版、医学信息、军事情报、公共政策、社会信息）、学科信息学（生物、化学、地理等）
微观	信息机构管理（图书馆、信息所、档案馆、博物馆、CNKI 等文献公司、管理咨询公司）、电子文件管理、文献组织、文献检索、文献计量学、档案管理学、文献保护

由表 7—1 观之，图情档学科长期位于信息管理的微观层次，一级学科承担的责任范畴较小。为了适应数字社会对信息人才的迫切需求，有必要将学科向企业信息管理和公共信息管理等中观层次延伸，将研究对象由文献职业部门拓展到更为普适的信息对象这一广阔的使命定位，进而构建立体化的多元学科发展格局。

解剖研究对象需要相对稳定的理论基础作为方法支撑。发轫于职业应用的图情档学科，本身并不存在学科独有的中上层理论。因此，借鉴前置学科基础理论并围绕"信息管理"加强中上层理论建设是学科由职业教育向学科教育升级的必由之路。

信息管理是对图书馆管理、文献情报工作和档案管理实践围绕文献信息管理进行的更高层次抽象。众所周知，一般意义上的学科名称是对现实多元实践进行的一定程度的本质抽象，抽象层次越高，普适性更强，涉及资源范畴越广，学科基础性更强；而单一的职业名称则因抽象层次不够或抽象层次较低，难以揭示其与更广阔社会的有机联系而无法揭示本质，同时也难以吸纳高校办学所需要的更广阔的社会资源，以类似职业来充任学科名称往往其学科公认度和成长度较低。将图书、文献情报与档案工作置于信息管理学科紧密相关的管理学和计算机科学与技术学科体系中，可以得到如图7—2所示的图情档与信息管理的分层关系模型。可以看出：信息管理与其他学科位于学科层，其学科间亲缘关系较近；图情档位于应用层，其与其他学科亲缘关系较远，如图7—2所示。

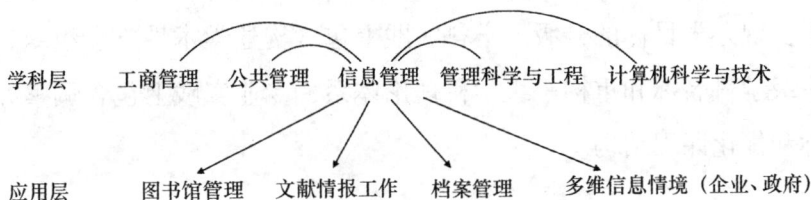

学科层	工商管理	公共管理	信息管理	管理科学与工程	计算机科学与技术
应用层	图书馆管理	文献情报工作	档案管理	多维信息情境（企业、政府）	

图7—2　信息管理与图情档的分层关系模型

从图7—2中的学科层来看，信息管理隶属于学科层，有利于其与邻近亲缘学科开展对话与合作，其他学科的基础理论有望成为发展信息管理中下层理论和职业应用的基础，学科的理论性、开放性和规模性有望取得实质性突破。从专业办学角度来看，学科教育符合市场经济条件下"宽口径、厚基础"的育人理念，学生发展后劲有望得到显著提升。显然，走学科教育之路将促使学科由职业归宿向理论归宿升级，进而改善学科的整体育人环境，通过社会科学基础理论课程和计算机应用课程的吸收，将具有较强职业特征的图情档学科升格为科学性学科专业，在提升专业竞争力的同时增强学科的公共责任。从专业特色来看，依托信息组织、信息检索和信息计量学等课程体系构建信息管理学科的内核，其更具普适性的理论方法不仅能够应用于三大文献部门，同时还能够推广到企业和政府等非文献部门，做到当前职业应用和其他职业应用的全覆盖（见图7—2）。

◇ 第五节　政策建议

综上所述，学科整合实践的基本理念是由"图情档"职业教育向"信息管理"学科教育变革，变革的本质是在遵循学科发展规律的基础上实现办学目标的升级。学科实践上包含构建学术性学会组织、修改一级学科名称和重构一级学科理论体系，专业实践上包含调整办学名称和优化课程结构。

一　启动学术交流环境的整合，创设学会组织

学术交流是学科发展的助推器。目前教育界尚缺乏一个被3个学科共同认可的学术组织。为了打通学科内部的开放交流通道，教育界当构建一个融合3个学科的统一交流平台。建议由教育界联合信息管理相关办学单位牵头创办中国信息管理学会等类似组织。在学会组织上每年举办一次年会，逐步将其打造成为权威性的信息管理交流平台。与现有的三大学会以职业交流为主不同，新成立的学会强调学术型的使命定位，主要吸引信息管理教育界和与信息管理学科紧密相关

的其他学术研究团队。在会议组织上或整合各自学科知名度较高的会议，或以联合办会形式邀请其他知名会议组织，或与国内各类学会或境外学会联合办会，加快促进学科的开放升级。

创办学会的意义主要表现在：（1）有利于促进图情档学科人员内部的整合，建立学科内部交流的长效机制；（2）有利于吸引与信息管理密切相关的非图情档学科作者加入本会，实现学科的规模化、多样性及其交叉融合；（3）通过引导和鼓励境内学者积极参与国际信息管理学科相关会议，加快本学科的国际化进程。

二　推动学科名称整合，壮大信息资源管理专业

第二章我们分析了图情档教育内外部环境的变化并结合一级学科命名进行了分析。众所周知，一级学科名称是对外阐释学科使命价值的公共窗口，市场经济条件下的学科发展不仅涉及学科内涵建设，同时还表现为面向社会的营销公关。在教育界各学科均在一级学科层面开展竞争与合作的新型教育环境下，一级学科缺乏科学有效的命名将直接束缚整个学科的办学活力和发展的主动权。确立"信息管理"的一级学科定位，既有明确的研究范畴和核心领域，同时也有难得的时代机遇。

合理设置二级学科。首先，基于第四—六章的分析，二级学科按照传统图情档职业分割发展的思路不利于整体竞争力的提升。在信息管理一级学科框架下，将图情档学科拆分为信息管理科学和文献信息学两个二级学科，前者是基于信息管理专业的长期建设，以及在社会的高度影响，同时吸纳与情报科学有关的研究支撑；后者是基于第三章和第六章的分析，图书馆学和档案学在网络环境下形成数字图书馆

和数字档案馆，本质上在走向融合，传统图书馆学和档案学的发展空间急剧萎缩，在此背景下，促进图书馆学和档案学的融合，围绕文献信息学来发展图书馆学和档案学，提升抽象层次有利于在未来深化发展。其次，增加社会与经济信息学。当前的移动社会和大数据时代，移动数据、轨迹数据、社交网络数据和实时数据等不同数据模态促进了网络社会科学，传统社会科学的重要问题正日益向网络社会拓展和迁移，包括计算社会科学、计算政治学等研究方向正在兴起。在信息管理一级学科下设置社会与经济信息学，有利于拉大信息管理学科的骨架，充实信息管理一级学科的内涵，并为传统图情档学科的拓展提供时代机遇，弥补传统图情档学科主要集中在文献部门和抽象的情报理论和分析方法研究，缺乏针对社会信息和经济信息的有关研究。

专业名称是对人才培养规格的高度概括。专业名称和专业课程可谓专业改革的两驾马车。专业名称既影响专业课程的设置，同时也影响专业的公共营销。图书馆学、档案学均是基于特定职业的名称，在市场营销公关中处于明显劣势，且图书馆学更为突出。情报学是相对具有学科属性的名称，但由于"情报"在大众的心智中特指战略决策信息，其与军事情报、战略情报、竞争情报等名词连用时更为贴切，上述内容的指代范畴属于信息管理领域下面较窄的一个分支，其对应的社会资源相对有限，更适合于作为一个学科方向而不适合于专业，使用该名称将极大限制专业传播、办学资源的获取和学生未来求职，仍然沿用"情报"一词既不利于其与其他学科开展对话，同时也妨碍专业和成果的社会推广。为此，笔者提出应大力推动专业名称改革，逐步淡化图书馆学、情报学和档案学的专业名称。

目前"信息资源管理"已经是"图书情报与档案管理"下属的一个专业名称，但因办学点少其专业声望十分有限。笔者建议通过全国改革统筹停办图书馆学专业，大力发展信息资源管理专业，档案学专业视各地发展实际或与图书馆学合并，或与信息资源管理同步发展。从长期发展来看，合并有利于促进学科整体结构调整。在合并背景下，将图书馆学和档案学其中更具竞争优势的课程融入到信息资源管理中。与此同时，建议在发展图书情报专业硕士的同时适时举办信息管理专业硕士项目（Master of Information Officer），确立为企业、政府等主体部门培养应用型信息管理人才的使命定位，彰显专业硕士时代性强、职业覆盖面广的公众形象。

三　深化课程设置改革，加强中上层理论课程建设

根据"厚基础、强素质"的国际化育人理念，本科专业课程改革导向为：（1）加强中上层理论建设，提升专业性。一方面增加经济学原理、公共政策学、社会学概论、组织行为学、地理信息系统、Python程序设计等前置学科的基础理论和方法课程，拓宽专业基础覆盖面。另一方面改革核心课程。例如，《信息检索》课程定位于文献检索服务，属于职业技能教育，为了提升专业附加值，宜将其替换为《信息检索原理》课程，增加数据可视化、大数据分析与挖掘等数据分析与方法类课程。（2）提升理论层次，缩减职业课程。例如，将信息资源编目、信息组织（文献分类与主题标引）、网络信息组织合并为《信息组织原理》；将图书馆管理、档案管理学、科技档案管理、企业档案管理、外国档案管理、档案文献编撰学、文献资源建设等职业课程整合为《文献管理概论》。保留上述内容的偏中层理论内容，剥离下层理论和职业内容，这些职业内容交由岗前培训或继续教育完成。

◇ 第六节　结论

本章从学科发展动力视角构建了 ACSO 变革指标模型，为研究学科竞争力提供了一个理论分析框架。本章的边际贡献在于：（1）结合 ACSO 模型对图情档教育缺乏竞争力的原因提供了逻辑解释。学科名称、课程设置和科研成果的职业化与市场经济环境下的学科教育理念不匹配是制约信息管理教育事业发展的根本原因；（2）结合信息管理与图情档的分层关系模型阐释了"信息管理"和"图情档"统领一级学科对教育走向的不同意义。（3）提出了走学科教育之路的研究范畴、理论框架和变革措施。

改革需要理性思考。知名经济学者张维迎在《理性思考中国改革》一文中指出，实施一项变革须本着"向前看"的精神，尽量超脱于自身的地位、身份和利益。[①] 如何有效调动教师和学生的积极性来实现多赢，最终使所有学院、全体学生和社会机构整体受益成为未来改革的价值导向。面对教育外部环境的巨大变化，特别是当新一届政府吹响了全面深化改革的号角时，市场化和信息化对我国各项事业变革的影响将是全方位的，主动探究并破除有违学科成长规律的机制障碍是应对外部环境变革的第一要务。展望未来，我们需要大力吸收前置基础学科的理论营养，更多地采用规范的研究方法，进而为中国改革进程中的各类信息事业提供可靠的理论指导。

---

① 张维迎：《市场的逻辑》，上海人民出版社 2012 年版，第 135—155 页。

第八章

结　论

◇第一节　主要结论

为什么市场机制、信息技术和高等教育变革从根本上影响了图情档学科的发展？为什么仅实施课程改革仍然难以改善图情档的专业发展困境？为什么计算机学科的高速发展和应用会成为瓦解图书馆学科进而导致图情档学科竞争力的根本削弱？为什么信息组织、检索与计量等核心主题未能成为提升图情档学科的重要砝码反而是图书馆职业主题和云计算等概念主题影响了整体竞争力？图情档学科的引文结构到底反映的是论文品质、学科规模还是学科影响力的大小？它们和整体竞争力及其结构改革之间存在怎样的内在关联？上述种种困惑构成了本书研究的核心。我们的研究表明，这些看似不相关的现象在内涵上却有着千丝万缕的联系，每一个关心图情档学科可持续发展的人都梦想找到打开这些谜题的钥匙。

本书通过抓住图情档学科结构改革这一特征来回答上述提出的诸多问题，力求为理解图情档学科在时代背景下出现的各种现象和悖论提供一个逻辑一致的解释，其主旨在于回答"图情档学科结构如何损害了整体（信息管理）学科竞争力"这一问题。本书基于事实观察梳理出图情档现有学科结构制约信息管理学科竞争力的五条路径：

第一，在市场经济催生高等教育变革时代背景下，高校人才培养由计划经济时代的岗位订单式培养向市场经济时代的双向选择发展，专业教育提出了"宽口径、厚基础"的改革要求，但图书馆学和档案学专业各自分割定位（少数院校将二者合并形成信息资源管理专业）并维持传统单一课程体系进而不适应上述教育环境的变化，情报学则与管理信息系统等学科专业合并诞生了"信息管理与信息系统"这一新专业进而适应了时代环境，在专业竞争力上呈现出"图书馆学＜档案学＜信息资源管理＜信息管理与信息系统"不平衡发展的局面。

第二，基于分割发展这一前提，情报学依托"信息管理与信息系统"专业逐渐摆脱具体实践机构土壤——情报所，通过大力引进经济学、计算机科学、离散数学、信息系统分析与设计等课程体系优化学科结构和师资队伍，其研究主题内容的科学化程度和开放程度在三大学科中最高，跨学科人才背景更强；而图书馆学和档案学通过维持固有专业定位，仍然按照传统计划经济背景下的课程体系发展并与职业群体一起开展学术交流，学科发展的职业依赖性强，研究的科学化程度和主题开放程度较低。

第三，伴随计算机在图书馆文献信息工作中的应用，图书馆传统文献组织与查找工作面临边缘化，以印本文献组织与管理的图情档学科在信息时代背景下已过渡到数字资源为主体的管理时代，图书馆文献组织与检索课程体系和研究内容面临根本转型，伴随着数字处理技术的成熟加速了原有课程体系老化，图书馆学竞争力日益低下。

第四，专业与未来职业相连。职业地位更高、职业覆盖面更广的关联性专业更具市场竞争力。基于文献工作的图书馆、档案等的职业覆盖面较窄且职业地位不高，基于大学声望关联模型，上述职业声望不足内在影响了图档专业的报考进而制约相应学科的整体发展，而且基于声望的关联传导机制潜在拖累了信息管理与信息系统等相关专业的发展。

第五，理论分析表明，"理论性—核心领域—规模性—开放性"等指标有利于提高整体学科竞争力，但基于高被引论文样本的实证研究发现，图情档一级学科中图书馆学的引文规模最大，其学科属性在一定程度上对外代言了图情档整体学科声望，而图书馆学主题的职业实践性更强，其在图情档学科中仅有规模竞争力而在科学规范、核心领域主题和学科开放性程度等内涵竞争力方面较为缺失。相反，上述内涵竞争力所体现的指标在情报学科中更为突出。

通过这五条途径的梳理和研究，我们认为，学科结构在图情档整体学科竞争力中扮演了极其重要的角色，图书馆学在图情档一级学科中的首位度最高，对整体学科竞争力具有根本影响。在图书馆学竞争效率较低的背景下，其基于文献管理的学科传统最强、学术队伍规模最大和引文规模最高，其在图情档一级学科中获得的学科影响居于首位，而更具内涵竞争力的情报学科尽管在图情档学科内部竞争力最强，代表了图情档学科的发展方向，但因队伍规模和引文规模不突出，首位度不够和概念传播的限制，其对学科竞争力的贡献在整体学科中依然有限。更重要的是，尽管越来越多的高校在现实困境中通过停办图书馆学专业，举办信息管理与信息系统专业或信息资源管理

（本科、硕士、博士）专业实现学术传统的延续，上述专业在实质上缓解了整体学科的颓势局面并促进了学科的整体发展；但遗憾的是，这些专业在促进图情档整体学科竞争力上的地位和作用仍然未能得到图情档学界充分承认并依托机制设计得到全面推行，依赖图书馆学、档案学分割办学和研究的传统惯性在一些老牌院校中依然存在，学科遭遇发展困境和人才培养效益令人担忧。上述发现表明，图情档学科尽管通过拼盘命名在体制上实现了合并，但学科内部的分割发展模式在相当程度上导致了专业和学术资源配置分散且创新激励低效的发展局面，更具竞争力的情报学科被首位度更强的图书馆学所湮没。在学科结构失衡和高等教育阔步迈向内涵式发展的今天，上述体制导致人才培养质量和学术创新效率越来越难以适应变化的教育外部环境，学科整体的公共价值和社会声誉伴随着图书馆学竞争力的降低在持续走低，较弱的整体学科竞争力使得学科未来可持续发展的形势不容乐观。

◇◇ 第二节 研究的创新、不足之处以及未来的研究方向

本书的主要创新可体现在如下三个方面：

第一，理论创新。本书结合主旨需要充分吸纳高等教育学理论、社会学理论、经济学理论和管理学理论，其目的一方面在于提供系统性的思维框架或统一的理论假设，另一方面为从本源上研究各章主题提供理论视角和方法论。代表性的理论创新表现在两方面：（1）概念创新。本书基于跨学科理论概念界定并提出了"学术

竞争力"的概念；基于声望理论提出了"声望拖累"的概念；基于学术规范和研究目标差异提出了"体裁"的概念；基于学科结构提出了"学科首位度"的概念。（2）模型创新。本书提出了"理论性—核心领域—规模性—开放性"的学科竞争力一般分析框架。基于学术竞争力的概念提出了"资源—效率—价值—地位"的学术竞争力模型；基于声望理论构建了"大学声望关联模型"和"图书馆学声望传导效应模型"。

第二，方法创新。（1）高被引抽样方法应用于图情档学科竞争力中。传统研究更多从理论分析层面开展有关图情档学科竞争力的论证，运用期刊论文抽样的方法探索各自特定学科的学科结构。但本书则将高被引论文的期刊抽样应用于图情档学科整体竞争力的实证检验，试图将理论与实证检验有机统一起来，并系统阐述高被引论文抽样适用于上述学术问题的有效性。（2）图书馆实践史应用于图书馆学竞争力中。本书将图书馆史与图书馆学竞争力的研究结合起来，力图论证图书馆文献组织与检索工作近70年的历史演化，探索上述变化对图书馆学教育和信息管理学科群造成的影响。

第三，视角创新。本书选择从学科的内外部环境、学科声望、学科竞争力关键指标、体裁与学术竞争力、基于结构的引用与品质等维度对图情档学科竞争力进行立体透视。与传统同类研究相比，这些研究视角在学界具有首创性和新颖性。此外，通过系统文献综述充分吸纳学界对图情档学科竞争力的重要争鸣并将上述争鸣结合各章主题有机统一起来，提炼并刻画了"信息资源观—信息需求观—图情档教育观"，"职业论—方法论—结构论"等，系统梳理了学界40年来对图情档学科竞争力研究的代表理论成果和重要观点，通过理论争鸣的引入力图为各主题的深化研究提供相对系统深入的背景知识，进而形成并提炼主旨问题的切入点。

虽然本书从多个角度分析了"图情档学科结构如何制约了整体学科竞争力"这一问题，对于拓展人们的认识和深入理解图情档学科整体竞争力具有一些积极作用，但是，客观来讲，本书也存在以下不足之处。第一，与众多学术研究一样，本书的理论假设和论证属于局部最优解。本书的研究更多地从高等教育使命和人才培养效益的角度出发，注重于通过整体学科竞争力的提升促进学科在内涵教育改革浪潮下实现可持续发展，而忽视了图书馆学、档案学作为一个微观职业学科领域的固有学术特色以及改革带来的局部影响。首先，对于职业人员来说，从事图书、档案职业主题研究和学术交流是由其特定职业使命决定的，学术研究并不存在类似高校这样的专业人才竞争，只要有利于促进图书档案事业发展的研究均是可行的。因此，从职业使命出发，不仅不应该改革现有的职业交流体系，而且还要进一步丰富职业研究的广度并提升职业研究的深度；从高等教育学术研究来看，职业主题对于提供更加多元的实践现象并丰富学术理论研究的素材具有积极作用。其次，学科结构改革促进整体竞争力的提升必然存在短暂的局部利益调整和转型阵痛。就微观层面而言，通过淡化图情档专业，调整并优化学科首位度，将其作为信息管理下属的研究方向和内在特色有利于学科整体规模、师资队伍、课程结构和研究质量的提升。从宏观层面来看，学科结构改革是局部利益让渡整体利益，当前收益让渡未来收益。从现实发展趋势来看，无论是图情档学科专业内部发展面临多维困境还是外部教育改革敦促学科加速内涵建设都将倒逼学科改革以提升整体竞争力。第二，与传统研究多采用宏观大样本和自动分析方法相比，本书使用微观小样本和手工分析方法提升了研究的针对性，但基于小样本并采取人工方式从多维度对本书进行分类编码在一定程度上降低了研究的稳健性。此外，从期刊高被引的论文开展实证研究既是优势也存在不足。学科结构是一个多维立体的内容，高被引论文只是其中相对客观的一种局部抽样方式，包括师资结构、课程结构等在内的统计探索也是刻画学科结构的重要内容。

尽管学界对于图情档学科竞争力的认识已经颇为深入，但就现实观察来看，未来依然需要在多方面深入探究。第一，进一步沿着图情档学科结构改革的方向，通过主题模型等数据挖掘方法对我国图情档学术文献的学科结构进行实证测度，了解学科结构的大数据样本特征；在此基础上，对海外图情档的学科结构演化趋势进行分析，探索海外图情档学科教育的整体演进态势并进行比较，有利于从实证上把握全球图情档学科教育与研究的演化规律。第二，从高度教育学视角出发，运用大学声望关联模型探索专业名称对不同专业办学可持续发展的影响并通过实证数据检验，为图情档和其他学科的办学名称改革提供更系统的横向比较数据支持，此外，运用学术竞争力模型探索图情档学科与其他管理学学科的横向比较有利于明确学科局部差异和不足。第三，从信息计量视角出发，探索从引用质量维度和基于内容的引文分析方法中揭示学科结构的差异，运用人工智能方法预测不同学科领域科研人员影响力的潜力等有利于进一步深化引用、品质与影响力关系的系统认知。第四，从改革收益的角度出发，探索运用双重差分方法评估实施学科结构改革政策前后学科竞争力的变化，研究改革程度不同的多种学院在全国层面的发展态势和公共收益。以上内容构成了未来的研究方向。

◇第三节　政策建议：通过学科结构改革带动整体竞争力的提升

在本书即将付梓之时，我国图情档学科教育发展的形势十分严峻。一方面，我国经济步入提质升级阶段，高等教育实施内涵式改革，学术评价体制改革加快，图情档学科面临的外部生存环境相较过去已发生了重大变化，少数图情档背景的著名院校通过实施本科专业改革和学科内涵式改革，大力引进跨学科背景人才优化队伍结构，学科建设和人才培养质量尽管仍然存在局部问题，但总体上取得明显成效甚至在业内具有一定的示范效应。另一方面，大多数图情档学科教育点均面临不同程度的内在发展困境，受学科体制的约束，各学科点采取分割发展的思路仍然未能改变：面向市场多元选择的专业招生体制正由东部蔓延到中西部正使得依靠调剂发展的模式走到了尽头；学术研究职业化和同质化的自我封闭现象依然普遍；追求引文数量淡化内容评价的模式仍旧盛行；吸引多元背景的跨学科人才改善学科发展预势在区域优势不明显的西部高校难以展开。如何破解以上发展困境，成为每一个关心图情档学科未来可持续发展的人的共同心愿。

本书研究为解决以上问题提供了系统化的解决方案。通过一系列研究，我们认为，学科结构在整体竞争力中扮演了极其重要的角色。一方面，在图情档整个学科中，图书馆学作为首位学科，但其专业影响力和学术内涵品质相对不足；情报学的专业竞争力（信息管理与信息系统）和内涵竞争力更具比较优势，却因不是首位学科，总体影响力十分有限。另一方面，图情档学科分割发展的思路，使得专业竞争力和学术竞争力均难以适应高等教育内涵建设的要求。从首位学科来看，现有体制设计使得图书馆学从总体上对内限制了自身的发展，对外代言了图情档整个学科，图书馆学的职业主体属性、图书馆文献工作的高度成熟、专业关联的职业声望较低、主题结构的失衡、知识体系高度依赖单一职业机构等从根本上限制了其在高等教育中的发展，上述因素进一步制约了学科队伍建设、教育发展规模、专业改革和研究质量，进而从实质上损害了信息管理学科群的整体竞争力。就此而言，我们的政策含义非常鲜明，要想破解现有学科发展困境并适应学科的内外部变革环境就必须坚定不移地实施图情档学科结构改革。其改革内涵包含如下方面：

第一，合并图书馆学和档案学专业，集中力量举办信息资源管理专业。通过大力删减和合并传统图书档案课程，更新现代化的信息分析课程和社会科学基础理论课程，包括但不限于："文献管理概论""信息组织""信息计量学""现代信息检索""管理信息系统""Python 程序设计""数据可视化""大数据分析与挖掘"等课程，同时结合学院特色引入"社会学概论""西方经济学""社会心理学""公共政策"等社会科学的基础课和方法课程。通过上述内涵丰富多元的课程改善总体竞争力，实现"宽口径、厚基础"的人才培养模式。将传统具有较强计划经济色彩的职业性专业改革为符合市场经济时代的现代复合型专业，通过专业改革带动师资结构调整。

第二，适时修改现有图情档一级学科名称，科学设置二级学科或学科方向。首先，通过学科整合将更具竞争力的"信息管理"作为一级学科名称，提高学科命名科学性的同时改善学科公共声誉。其次，在一级学科下加快发展并形成"信息管理科学（即：美欧的 Information Science）""社会与经济信息学""文献信息管理"等二级学科或学科方向。结合时代需求调整学科首位度，将需求更广泛的"信息管理科学""社会与经济信息学"前置，拉大学科骨架的同时加大对以上学科的建设投入形成集聚效应，在前述学科方向和课程体系的带动下，文献信息管理方向才可能得到更好发展并为形成办学特色持续贡献力量。只有顺应时代才有可能吸引学科急需的社会办学资源，通过结构调整实现师资结构和生源结构的优化，进而提高人才培养质量和社会效益。

第三，促进科学学位和专业学位相分离，实施学术评价和职业应用分类评价。科学学位着力提高科学素养和理论创新水平，专业学位重在提升职业应用能力。在现有图书情报专业硕士的基础上，结合企业实际需求增设信息管理专业硕士，大力培养应用型企业信息管理高级专门人才。

第四，构建统一、集中、权威的学术组织，发挥学术组织对提升学科声誉和可持续发展的骨干引领作用。例如，以"中国信息管理学会"的名义打造多元开放、内容覆盖面更广且具有较强规模的学术组织和交流平台，区别于传统分散且以职业为主体的图、情、档相关组织机构。在上述平台下，围绕学科建设、人才培养、课题合作、学术评价等促进整体学科的持续健康发展，逐步形成对内公认程度高、对外影响力大的公益学术组织机构。

附 录

研究样本

第四章样本

论文标题	被引频次
云计算给图书馆管理带来挑战	268
网络舆情管控工作机制研究	224
CALIS 数字图书馆云服务平台模型	214
图书馆需要一朵怎样的"云"？	203
移动的书海：国内移动图书馆现状及发展趋势	151
云计算与信息资源共享管理	151
微博客：图书馆的下一个网络新贵工具	136
基于云服务的图书馆建设与服务策略	127
国内网络舆情研究的回顾与展望	125
网络舆情信息资源共享研究	123
基于社会网络中心性分析的微博信息传播研究——以 Sina 微博为例	115
微博客用户行为特征与关系特征实证分析——以"新浪微博"为例	114
论云计算的价值	114
网络舆情突发事件预警系统、指标与机制	114
云计算改善数字图书馆用户体验初探	108
我国网络舆情研究与发展现状分析	105
文本挖掘在网络舆情信息分析中的应用	98

论文标题	被引频次
云计算与图书馆：为云计算研究辩护	95
国内图书馆微博应用现状及建议	95
云计算环境下的数字图书馆	93
嵌入用户环境：图书馆学科服务新方向	91
微博研究综述	91
读者决策的图书馆藏书采购——藏书建设 2.0 版	90
颠覆数字图书馆的大趋势	90
国外图书馆微博客建设及其启示	80
知识图谱——信息管理与知识管理的新领域	79
中外高校图书馆信息服务社会化比较研究	79
Living Library 对大学图书馆服务创新的启示	78
移动图书馆在我国的发展现状与展望	77
网络舆情指标体系设计与分析	75
基于社交网络的信息传播模式探微	74
国外高校信息素养教育	71
重新认识知识过程和知识服务	71
云计算环境下图书馆自动化系统发展探索	71
研究图书馆 2020：嵌入式协作化知识实验室？	70
基于聚类的网络舆情热点发现及分析	70
高校图书馆嵌入式创新服务模式探讨	69
云计算对图书馆事业的双重影响	69
基于 3G 的智能手机移动图书馆创新研究	67
公共危机事件网络舆情内在演变机理研究	66
高校图书馆信息服务社会化的理论与实践——以广州大学图书馆为例	65
学术期刊综合评价数据标准化方法研究	65
"读者决策采购"在美国大学图书馆的实践及其对我国的启示	64

续表

论文标题	被引频次
图书馆应用微博客的价值分析	64
论信息服务十大走向	63
网络舆情突发事件预警指标体系构建	63
美中 WAP 手机图书馆发展现状比较	62
基于 3G 的手机图书馆服务系统构建研究	62
"云计算"环境下图书馆信息资源共建共享模式初探	61
关联数据：概念、技术及应用展望	60
云计算在图书馆中的应用	60
移动图书馆的兴起和解决方案	59
未来图书馆的新模式——智慧图书馆	59
云计算环境下的数字图书馆信息资源整合与服务模式创新	59
国际图书馆服务质量评价：绩效评估与成效评估两大体系的形成与发展	58
网络环境下用户需求与图书馆服务模式创新研究	58
社会网络分析在关键词网络分析中的实证研究	58
我国高校图书馆手机服务现状的调查与思考——以"211 工程"院校为例	57
图书馆阅读推广亟待研究的若干问题	57
云计算和移动图书馆	56
基于云计算的图书馆海量数据存储研究	56
Living Library——图书馆读者服务的另一扇窗	55
网络口碑传播研究综述	55
图书馆员去职业化问题、原因及对策研究	54
关联数据在图书馆中的应用研究综述	54
信息生态理论研究发展前瞻	53
移动图书馆理论研究与实践应用综述	53

续表

论文标题	被引频次
1999—2008 年我国图书馆学研究的实证分析（上）	52
Mashup 关键技术研究	52
高校图书馆学科服务突破瓶颈的理论思考	52
Living Library：高校图书馆学科化知识服务的创新点——以上海交通大学图书馆为例	51
微博用户特征分析和核心用户挖掘	51
高校网络舆情的控制与引导	51
案例研究：武汉地区高校学生信息素养现状分析	51
网络舆情对群体性突发事件的影响与作用	51
RFID 在图书馆使用现状分析	50
国内外信息素养标准研究现状与展望	50
基于云计算的电子政务信息资源共享系统建设研究	50
高校图书馆学科服务模式构想	50
国内图书馆手机移动信息服务现状研究	50

第五章样本

论文题名	被引频次
微博舆情传播规律研究	49
社交网站中潜在好友推荐模型研究	43
Web 文本情感分类研究综述	40
作者关键词耦合分析方法及实证研究	40
基于复杂网络的微博舆情分析	36
科学知识网络的形成与演化（Ⅱ）：共词网络可视化与增长动力学	36
基于社会化标注的个性化推荐研究发展	35
个性化服务中用户兴趣建模与更新研究	33

续表

论文题名	被引频次
中国科技报告制度的建设方略	28
基于中文社会科学引文索引的中国情报学知识图谱分析	27
Web2.0 环境下影响用户生成内容动因的实证研究——土豆网为例	26
论科技情报研究新范式	25
基于微博客 Twitter 的企业竞争情报搜集	24
不同类型选择性计量指标评价论文相关性研究——基于 Mendeley、F1000 和 Google Scholar 三种学术网络工具	22
基于 CiteSpace II 的专利知识可视化的实现机制及其应用	22
科技报告资源的构成及产生机理研究	21
基于专利共类分析的技术网络结构研究：1971—2010	21
基于专利共现的全球太阳能技术网络及关键技术演进分析	20
科技论文关键词特征及其对共词分析的影响	19
情景感知的自适应个性化信息服务体系框架研究	19
基于在线评论的消费者模糊情感计算和推理	19
信息生命周研究述评（Ⅰ）——价值视角	19
引荐分析法一种新的引文分析法	19
工程化思维下的科技情报研究范式——情报工程学探究	18
面向知识服务的知识组织框架体系构建	18
基于标签的个性化项目推荐系统研究综述	18
国内知识管理领域知识交流结构研究——基于核心作者互引网络的分析	18
我国"985 工程"高校科研合作网络研究	18
基于概率主题模型的文献知识挖掘	18
大数据时代的情报学变革	17
科技报告技术标准体系研究	17
迁移元胞自动机网络舆情演化模型	17

论文题名	被引频次
基于 IPP 视角的用户生成内容特征与机理实证研究	17
国内外知识组织体系的研究进展及应对策略	17
基于专利的技术竞争态势分析框架——以智能材料技术为例	16
国际学术评价指标体系研究现状及发展综述	16
科技报告政策体系及服务方式研究	16
基于用户群体影响的协同过滤推荐算法	16
论专利引用行为与期刊论文引用行为在解释知识关联方面的差异	16
公益类科技情报机构提供产业竞争情报产品的方法——以 "2009 中国风能产业竞争态势研究报告" 为例	16
基于 AHP－模糊综合评判方法的图书馆移动信息服务质量影响因素探析 1	15
共词知识网络中的认识结构：理论、方法与实证	15
基于 NEViewer 的学科主题演化可视化分析	15
共现聚类分析的新方法最大频繁项集挖掘	15
用共关键词网络揭示领域知识结构的实验研究	15
基于微博平台的公众情感分析	15
网络质量，用户感知及技术采纳行为的实证研究	15
社会化标签系统中基于密度聚类的 Web 用户兴趣建模方法	15
专利技术术语的抽取方法	15
基于用户体验的知识构建——Web2.0 环境下对知识构建原理的再认识	15
基于语义的中文在线评论情感分析	14
基于专利情报分析的企业合作竞争模式研究	14
基于潜在狄利克雷分配模型的微博主题演化分析	14
突发事件新闻报道与微博信息的爆发性模式比较	14
基于 SNA 的科学计量学领域作者互引网络分析	14
基于多策略的领域本体术语抽取研究	14

续表

论文题名	被引频次
基于云模型的网络舆情预警方法	14
基于科学知识图谱的我国知识管理研究范式分析	14
大数据时代下的情报分析与挖掘技术研究——电信客户流失情况分析	14
近十年我国图书情报学科研究热点的共词分析	14
网络计量学研究热点与前沿的知识图谱分析	14
经济学刊互引网络的核心——边缘结构分析	14
基于文献关键词的三元共词分析方法——知识发现领域为例	14
基于图网络结构的中文文本表示方法研究	14
基于信任的电子商务推荐多样性研究	14
微博机制和转发预测研究	13
我国生物科技领域技术创新和基础研究关联分析——从专利引文分析的角度	13
基于语义的数字图书馆服务创新	13
基于情感倾向识别的汽车评论挖掘系统构建	13
图书情报机构知识服务能力及评价研究（Ⅱ）——评价指标体系设计与权重赋值	13
共被引网络中介中心性的 Zipf-Pareto 分布研究	13
基于最大公共子图的文本相似度算法研究	13
共词聚类分析法中的主要问题与对策	13
信息用户决策检索中的心智模型分析	13
基于超网络的知识传播趋势分析	13
基于结构方程的学术期刊评价研究	13
基于多源信息与多元方法的产业竞争情报分析范式	12
突发事件信息传播超网络建模及重要节点判定	12
基于 CSSCI 的国内情报学领域作者共被引分析	12
模糊层次分析法在信息安全领域中的研究探索	12

论文题名	被引频次
基于 CiteSpace Ⅱ 的研究前沿可视化分析	12
基于全域专利共被引的世界 500 强企业技术竞争的专利地图分析	12
停用词表对基于 SVM 的中文文本情感分类的影响	12
基于 Web 挖掘技术的用户兴趣本体学习研究	12
基于 2 - 模网络的科研单位和关键词共现分析法	12
基于用户贡献的 UGC 群体分类及激励因素探讨	12
情境化信息推荐机制的研究	12
基于聚类分析的学科交叉研究	12
基于多策略融合的中文术语抽取方法	12
基于领域本体的细粒度用户兴趣建模研究	12
基于 SWRL 的鳜鱼疾病诊断知识表示和语义推理实现	12
学术研究团队的可视化识别及评估方法研究：以科学学研究领域为例	12
航空领域本体构建研究	12
基于可视化的专利布局研究及其应用	12
图书馆网站用户满意度模型的构建和应用	12
基于概念格的跨本体映射中概念相似度计算方法	11
基于领域本体的语义向量空间模型	11
用户个体差异对数字图书馆可用性评价的影响	11
基于领域本体的语义文本挖掘研究	11
主观性句子情感倾向分析方法研究	11
一个新的关联规则兴趣度度量方法	11
基于内容分析法的国内客户关系管理研究文献分析	11
基于小世界网络模型的知识转移网络特性分析	11
事实型数据：科技情报研究工作的基石	11
基于用户向量扩展的协同推荐方法	11
基于社区的对等网语义检索系统模型研究	11

续表

论文题名	被引频次
h 指数与论文总被引 C 的幂律关系	11
基于主题聚类的学科研究热点及趋势监测方法	11
中国科技管理领域科技合作复杂网络分析	11
应用于竞争情报的产业跟踪路线图研究	11
知识网络的演化（Ⅰ）：增长与老化动态	10
自动情感文本分类研究综述	10
基于多层术语度的一体化术语抽取研究	10
基于 SWRL 推理机制的心电图本体设计与实现	10
LCS 算法在术语抽取的应用研究	10
基于本体和 Rough Set 理论的知识推理模型	10
基于引文分析的竞争情报研究现状探析	10
基于范畴论的知识单元组织与检索研究	10
基于专利信息的企业技术创新能力分析实证研究	10
基于伪相关反馈的跨语言查询扩展	10
云块融合的知识创造模型与语义技术实现	10
基于论文标题的学科结构研究	10
基于领域本体和语块分析的信息抽取的研究与实现	10
领域本体自动构建研究	10
适应用户兴趣变化的协同过滤增量更新机制	10
面向知识导航的机构要素元数据规范及互操作	10
杰出科学家论文影响力的社会龄分析	10
电子公共服务公众满意度测评模型及实证研究	10

第六章样本

题名	被引频次
档案记忆观、资源观与"中国记忆"数字资源建设	112
从观念到理论——档案双元价值论的演变轨迹研究	37
档案记忆观视野下的企业档案管理探析	36
非物质文化遗产档案化保护的理论基础	36
资源·技术·思维——大数据时代档案馆的三维诠释	35
档案数字资源云备份策略的分析与研究	34
基于信息安全风险评估的档案信息安全保障体系构架与构建流程	33
档案信息资源开发的影响因素及对策分析	32
档案网站信息服务质量评价研究	32
从"独享"走向"共享"——论高校档案信息资源社会价值的实现路径	31
建设"中国记忆"数字资源库的构想	28
论电子档案开放利用中信息安全保障存在的问题与对策	28
以创新应对变化 以发展追求认同——第17届国际档案大会评析	26
我国档案网站建设情况综述	25
基于STOF框架的手机档案馆服务模式研究	24
知识产权法体系下开发利用非物质文化遗产档案的优势和基本原则	24
电子政务系统中的档案管理：问题与思考	23
档案大数据研究热的冷思考	23
信息时代档案人才培养与档案学专业发展展望	22
认识与行动：再论口述历史档案资源建设	22
云计算环境下的档案信息资源整合与服务模式研究	21
谈档案与文化建设——在2012年全国档案工作者年会上的讲话	21
知识管理中档案价值的重新发现	21
档案事业公众参与特点及新趋势探析——基于英国"档案志愿者"和美国"公民档案工作者"的思考	20

续表

题名	被引频次
论数字档案信息资源建设	20
云技术中数字档案资源共享与管理体系的构建	20
非物质文化遗产档案展览研究	20
"大数据"时代档案信息安全管理新思考	19
档案信息资源开发的有效途径——协同合作	19
美国档案工作应对社交媒体的策略	19
云计算环境下档案信息管理系统风险分析	19
基于 RFID 物联网的档案管理系统研究与设计	19
企业内部控制与企业档案管理的相关性分析——基于企业内部控制基本规范的档案话题	19
论社交媒体下档案服务的创新	18
档案文化的理论解读和建设探索	18
分众传播时代的档案网站信息服务模式创新	18
大数据视野下档案管理思维方式的转变	17
我国国家数字档案资源整合与服务研究现状及未来研究建议	17
档案社会化服务的概念解读	17
高校档案机构职能延伸的困境与出路	17
档案数据库"胀库"问题研究	17
图书情报与档案管理研究生人才需求与创新能力培养研究综述	17
基于公共文化服务体系建设的档案信息资源规划研究	17
当代我国大学生档案意识现状调查及对策分析——以苏州地区在校大学生为例	17
试析智慧档案馆的兴起与未来发展	16
电子档案双套制管理问题研究	16
西部濒危少数民族历史档案保护研究	16
电子文件真实性的再认识	16

续表

题名	被引频次
三十年来我国少数民族档案研究现状与趋势	15
21 世纪的数字档案资源整合与服务：国外研究及借鉴	15
我国档案专业高等教育发展现状的初步调研	15
数字时代的文档一体化管理：理念、手段与目标	15
中国"城市记忆"理论与实践述评	15
Web2.0 应用：网络档案信息服务的新模式——以美国国家档案与文件署（NARA）为例	15
以公众需求为导向的档案信息资源规划探讨	15
云计算在档案馆中的应用模式初探	15
电子文件管理的国际进展、发展趋势与未来方向	15
论信息化背景下我国高校学生诚信档案建设	15
公共管理视阈下的档案管理范式研究	15
基于新农村建设视角的农村集体三资档案信息化管理分析	15
用户体验视野下档案公共服务探析	15
国家综合档案馆"官微"传播行为分析——基于新浪微博和微信平台的实证研究	14
国家科技计划项目档案管理标准规范建设思考	14
虚拟现实技术在网上档案展览中的应用研究	14
档案专题数据库建设热的冷思考——构建基于质量控制理论的档案专题数据库建设流程	14
基于云计算的区域电子健康档案服务系统研究	14
知识经济时代的企业档案管理——一种知识资产观	14
档案的文化之"殇"——兼论档案馆的文化功能	14
网络信息资源档案化及其服务的探讨	14
高校档案网站建设的问题与对策——基于湖南省 13 所本科院校档案网站的调研	14

续表

题名	被引频次
理论与实践视角下的档案业务外包适用范围探析	14
国有企业技术创新与档案大数据管理安全战略研究	13
基于"开放政府"视角的美国档案信息公开探析	13
国内省级档案网站数字档案资源服务现状分析——基于对 6 省市档案网站的重点调查	13
基于用户需求的个性化数字档案信息服务模式构建	13
科技档案资源集成化服务研究	13
高校人力资源档案管理的作用绩效、动力来源与建设策略	13
加强档案学研究生研究方法教育的思考	13
从中美电子病历标准的比较看中国电子病历标准的发展和完善	13
电子档案凭证性保障的现状分析与对策研究	13
档案学多层次实践教学模式的探索	13
美国档案学硕士研究生课程设置分析	13
档案学人微博的调研与分析	12
基层档案馆民生档案工作：现状、问题与对策研究	12
从"没有记忆的镜子"看档案记忆观	12
我国档案学硕士研究生教育的现状与思考——从跨专业生源的视角	12
我国档案馆尚未走向公共的深层次原因分析	12
档案模式文化变迁分析	12
信息文明视阈下档案价值实现机理分析	12
清代文献中所见"档册"一词研究	12
国际电子文件管理前沿进展	12
我国档案信息资源整合实践探索行为研究	12
社会公众参与的档案利用服务质量评价初探	12
从利用者的视角谈档案法修改	12
从引文分析看档案学与图书馆学、情报学的学科融合	12

续表

题名	被引频次
网络管理视角下的档案信息服务平台建设践行研究	12
档案学在校生专业认同的实证研究	12
社交媒体环境下的档案信息资源建设探讨	11
公共档案馆档案信息服务现状及对策——基于公共档案馆网站调查的视角	11
美、英、澳三国国家档案馆网站数字档案资源服务情况调查与分析	11
实施电子文件的有效管理　确保电子档案的真实完整	11
基于文化认同视角的体制外档案资源建设思考	11
档案馆社会资本：档案公共服务的新视角	11
基于"集成"内涵的机关数字档案室建设研究	11
从"两种意识"谈国家开放档案的价值实现	11
基于前端控制思想的电子文件形成过程研究	11
档案学发展的动力分析	11
文化生态视野下档案文化建设研究	11
电子政务系统中的档案管理：安全保障	10
电子政务系统中的档案管理：文件归档	10
国外个人存档研究与实践进展	10
论档案学专业创新人才培养的必要性	10
档案学研究的国际进展（2001—2010）——基于九种国际档案学期刊论文的计量分析	10
档案学本科核心课程满意度实证研究	10
我国档案学研究热点与前沿演进的知识图谱分析	10
基于知识图谱的我国档案价值问题研究述评	10
异构系统中电子档案凭证性保障的整体构思	10
论清代文献中所见"档子"一词	10
档案部门应急预案管理研究	10

续表

题名	被引频次
固守还是转身?——国家档案管理模式改革专题研究	10
"区域—国家"电子文件管理整合研究构想	10
人事档案利用的困境与突破	10
档案学跨学科研究之我见	10
从文化视角看 RECORDS 概念的界定	10

参 考 文 献

白君礼:《图书馆学研究中问题意识撷拾》,《中国图书馆学报》2012
年第 5 期。

毕强:《悖论的价值:关于我国图书馆学教育的思辨》,《图书情报工
作》2011 年第 15 期。

陈必坤、詹长静:《国家基金项目视角下"图书情报与档案管理"学
科结构的可视化分析》,《情报杂志》2017 年第 7 期。

陈传夫、王云娣:《中美图书馆学借用知识的比较观察——基于十年
引文的分析》,《中国图书馆学报》2010 年第 6 期。

陈传夫、吴钢、唐琼:《改革开放三十年我国图书情报学教育的发
展》,《图书情报知识》2008 年第 5 期。

陈传夫、于媛:《美国 iSchool 的趋势与启示》,《图书情报工作》2007
年第 4 期。

陈维军、李亚坤:《泛在知识环境下的图书馆》,《图书馆杂志》2006
年第 9 期。

陈晓萍、徐淑英、樊景立:《组织与管理研究的实证方法》(第二
版),北京大学出版社 2012 年版。

陈艳红、沈丽：《信息资源管理本科专业的建构背景与策略——基于图书馆学、情报学与档案学专业一体化的思考》，《档案学通讯》2008年第4期。

陈昭全、张志学等：《管理研究中的理论建构》，北京大学出版社2012年版。

程刚、邹志仁：《我国情报学期刊统计分析与评价》，《情报学报》2001年第3期。

程焕文：《高涨的事业与低落的教育——关于图书馆学教育逆向发展的思考》，《中国图书馆学报》2001年第1期。

程焕文、姜瑞其：《谈图书馆采编业务外包》，《图书情报工作》2006年第1期。

程焕文：《近年来中国大陆图书馆学教育发展走向的思考》，《图书馆建设》2002年第5期。

初景利、杨沛超：《国外三所大学图书馆与信息专业教育改革透视》，《大学图书馆学报》1996年第5期。

戴维民：《信息组织》，高等教育出版社2009年版。

第二届中美数字时代图书馆学情报学教育国际研讨会：《数字时代中国图书情报与档案学类教育发展方向及行动纲要》，《图书情报知识》2007年第1期。

董克、韩宇姝：《基于Topic Model的我国档案学主题结构与演化研究》，《信息资源管理学报》2017年第3期。

杜雯、李刚：《SSCI档案学核心来源期刊高被引文献分析（1930—2009）》，《档案管理》2011年第5期。

范并思：《论图书馆学专业教育的改革》，《图书情报工作》1998年第11期。

冯惠玲、张斌、桑域毓等：《档案学专业高等教育发展情况调查报告》，第四届全国档案工作者年会，福建厦门，2014年9月18日。

冯惠玲、张斌、徐拥军等：《多学科视角下的档案学理论研究进展》，载《创新：档案与文化强国建设——2014年档案事业发展研究报告集》，中国文史出版社2014年版。

冯惠玲、周晓英：《信息资源管理研究与教育：一个大有作为的领域》，《图书情报工作》2004年第9期。

傅敏、刘兹恒、王子舟：《图书馆人才需求与图书馆学教育》，《图书情报工作》2003年第3期。

顾犇：《文献编目领域中的机遇和挑战》，《图书馆建设》2008年第4期。

侯炳辉：《MIS三十年回眸及其新认识》，《信息系统学报》2011年第8期。

侯经川：《关于〈普通高等学校本科专业目录〉信息管理学科部分的修订建议》，《情报理论与实践》2010年第9期。

黄红华、周佳贵：《图书馆学理论的使命与担当——第六次全国图书馆学基础理论研讨会综述》，《中国图书馆学报》2012年第3期。

黄宗忠：《试论图书情报档案一体化的发展趋势》，《武汉大学学报》（社会科学版）1986年第6期。

霍国庆：《信息管理与信息管理专业——记山西大学信息管理系》，《晋图学刊》1993年第3期。

金胜勇：《图书馆学专业教育竞争力分析》，《图书馆杂志》2007年第7期。

金武刚：《图书馆学的"有为""无位"困境研究——兼论图书馆学的学术营销》，《图书与情报》2007年第3期。

赖茂生：《知识时代的 LIS 如何定位和发展》，《图书情报工作》2010
    年第 1 期。

李刚、倪波：《20 世纪中国图书馆学的现代性与学科建制》，《中国图
    书馆学报》2002 年第 4 期。

李刚、孙建军：《从边缘到中心：信息管理研究的学科范型嬗变》，
    《中国图书馆学报》2008 年第 5 期。

李阳、孙建军：《中国情报学与情报工作的本土演进：理论命题与话
    语建构》，《情报学报》2018 年第 6 期。

刘军：《管理研究方法：原理与应用》，中国人民大学出版社 2008
    年版。

刘启：《试论图书馆学系应该更名——与于鸣镝、初景利两位先生商
    榷》，《图书情报工作》1999 年第 6 期。

刘世锦、杨建龙：《核心竞争力：企业重组中的一个新概念》，《中国
    工业经济》1999 年第 2 期。

刘永、邓胜利、陈矩弘等：《论信息资源管理的本质——学科定位问
    题探讨》，《档案管理》2005 年第 2 期。

刘宇、叶继元、袁曦临：《实证缺失的中国图书馆学研究》，《中国图
    书馆学报》2009 年第 4 期。

楼雯、樊宇航、赵星：《流动与融合——我国图书情报与档案管理学
    科点师资结构研究》，《中国图书馆学报》2017 年第 6 期。

卢小宾、高欢：《基于 Web of Science 的档案学研究热点分析》，《档
    案学通讯》2015 年第 3 期。

马费成：《规范学科名称，促进学科发展》，《图书情报工作》1996 年
    第 3 期。

马费成：《论情报学的基本原理及理论体系构建》，《情报学报》2007

年第 1 期。

马费成：《数字时代图书情报专业教育的目标及其实现》，《图书馆建设》2001 年第 1 期。

马费成、宋恩梅：《我国情报学研究分析：以 ACA 为方法》，《情报学报》2006 年第 3 期。

马费成：《新信息环境下的学科建设问题》，《图书情报工作》1998 年第 10 期。

马海群、姜鑫：《我国档案学研究热点与前沿演进的知识图谱分析》，《档案学研究》2013 年第 4 期。

马庆国：《管理科学研究方法与研究生学位论文的评判参考标准》，《管理世界》2004 年第 12 期。

［美］艾尔·巴比：《社会研究方法》，邱泽奇译，华夏出版社 2009 年版。

［美］戴维·波普诺：《社会学》，李强译，中国人民大学出版社 2007 年版。

［美］Tony Hey、Stewart Tansley 等：《第四范式：数据密集型科学发现》，潘教峰等译，科学出版社 2012 年版。

［美］里斯、特劳特：《定位》，王恩冕等译，中国财政经济出版社 2002 年版。

［美］Ricardo Baeza-Yates、Berthier Ribeiro-Neto：《现代信息检索》，黄萱菁等译，机械工业出版社 2012 年版。

孟广均：《本学科的一级学科名称应顺势易名》，《图书馆论坛》2006 年第 6 期。

孟广均：《关于学科建设和名称设置之我见》，《图书情报工作》1996 年第 3 期。

孟广均：《重视发展二级学科，科学定名一级学科——再论本学科建设问题》，《图书情报工作》2000 年第 12 期。

孟连生：《中国科学引文数据库的建立及其应用前景》，《情报学报》1995 年第 3 期。

欧石燕：《基于 SOA 架构的术语注册和服务系统设计与应用》，《中国图书馆学报》2011 年第 5 期。

潘懋元：《教育外部关系规律辨析》，《厦门大学学报》（哲学社会科学版）1990 年第 2 期。

彭斐章：《图书馆学定有灿烂的未来》，《图书情报工作》1996 年第 3 期。

邱伍芳：《中国图书馆学应进一步弘扬实证研究》，《中国图书馆学报》2008 年第 1 期。

沙勇忠：《迈向数字时代的图书馆学教育：在规范中寻求发展——教育部高校图书馆学学科教指委 2008 年工作会议暨系主任联席会议观察》，《中国图书馆学报》2009 年第 1 期。

沈迪飞：《我所亲历的图书馆技术变革（1974—1998）》，《图书馆论坛》2016 年第 9 期。

苏新宁：《提升图书情报学学科地位的思考——基于 CSSCI 的实证分析》，《中国图书馆学报》2010 年第 4 期。

苏新宁：《图书馆、情报与文献学学术影响力研究报告（2000—2004）——基于 CSSCI 的分析》，《情报学报》2006 年第 2 期。

隋鑫、樊如霞：《近十年我国档案学高被引论文热点分析》，《兰台世界》2015 年第 32 期。

谈松华：《高等教育运行机制与大学生就业制度改革》，《上海高教研究》1995 年第 1 期。

谭必勇、袁晓川:《档案学研究的国际进展（2001—2010）——基于九种国际档案学期刊论文的计量分析》,《档案学研究》2013 年第 2 期。

唐义:《我国图情档教育中学科整合现状的调查与分析》,《图书馆杂志》2014 年第 3 期。

唐义、郑燃:《iSchools 运动与学科整合：现状及趋势》,《图书情报知识》2012 年第 6 期。

陶俊、孙坦、金瑛:《总分馆制下公共图书馆的服务模式研究——以美国波士顿公共图书馆为例》,《图书馆建设》2010 年第 8 期。

陶俊:《体裁、社会效应与学术竞争力——图书情报学科高被引论文内容结构考察》,《图书情报工作》2016 年第 1 期。

陶俊、王传清:《信息管理学科整合的变革路径研究》,《图书情报工作》2014 年第 14 期。

陶俊:《信息管理一级学科的变革路径研究》,《图书情报工作》2013 年第 9 期。

万良春:《确立"文献信息"概念,建立"文献信息学"》,《图书情报知识》1986 年第 1 期。

万良春:《试论科技图书馆的情报职能与图书情报一体化——兼评〈对图书情报一体化问题的质疑〉》,《图书情报工作》1982 年第 1 期。

王昊、邓三鸿、苏新宁:《我国图书情报学科知识结构的建立及其演化分析》,《情报学报》2015 年第 2 期。

王喜明:《我们需要怎样的学科名——从于良芝〈图书馆情报学概论〉说起》,《图书馆论坛》2018 年第 1 期。

王新才:《卷首语——名与实之二》,《图书情报知识》2008 年第

5 期。

王学东：《面向现代信息技术的信息服务人才培养研究》，《情报学
报》2000 年第 5 期。

王知津：《图书馆学：打响一级学科保卫战》，《科学时报》2006 年
11 月 20 日。

王知津：《我国图书馆学教育面临新的转折和选择》，《图书情报工
作》2003 年第 3 期。

吴钢、张果果、肖艳琴等：《图书馆学本科教育的基础地位不应动
摇——关于图书馆学本科教育存在问题的讨论》，《图书馆学研究》
2006 年第 4 期。

吴美美：《关于网络时代知识组织的几个思考》，《图书资讯科学》
2017 年第 1 期。

［希腊］Sergios Theodoridis、Konstantinos Koutroumbas：《模式识别》，
李晶皎等译，电子工业出版社 2010 年版。

肖希明、李琪、刘巧园：《iSchools "去图书馆化"的倾向值得警惕》，
《图书情报知识》2017 年第 1 期。

肖希明、卢娅：《论图书馆学情报学教育的整合》，《图书情报工作》
2009 年第 5 期。

肖希明、司莉、黄如花：《我国图书馆学教育发展现状的调查分析》，
《图书情报知识》2008 年第 1 期。

肖希明、宋琳琳、水亮、彭敏惠：《图书馆学专业教育与图书馆员职
业竞争力——来自图书馆员的调查与分析》，《图书情报知识》2008
年第 1 期。

肖希明、唐义：《图书馆学博物馆学档案学课程体系整合初探》，《中
国图书馆学报》2014 年第 3 期。

肖希明:《图书馆学教育的根本出路在于教育体制改革》,《大学图书馆学报》2004 年第 1 期。

肖希明:《图书馆学教育要以增强学生职业竞争力为导向》,《国家图书馆学刊》2007 年第 1 期。

肖希明:《图书馆学研究要以问题为导向》,《图书馆》2005 年第 1 期。

肖希明、吴钢、刘畅、肖婷:《图书馆学专业教育与图书馆员职业竞争力——来自图书馆馆长的调查与分析》,《图书情报知识》2008 年第 1 期。

肖雪、王子舟:《图书馆学教育改革发展的六个误区》,《图书情报知识》2005 年第 6 期。

肖雪、闫慧、冯湘君等:《数字化时代的图书馆与情报学第一学位课程体系——基于英美的考察》,《图书情报知识》2014 年第 6 期。

肖志辉:《移动互联网研究综述》,《电信科学》2009 年第 10 期。

谢阳群、邓以宁、吴昌合:《关于设立信息管理专业的几个问题》,《情报科学》1994 年第 2 期。

徐建华、李超:《莫让规范化的实证研究在当今图书馆学研究中缺位——"当代图书馆员快乐指数"研究的启示》,第五次全国图书馆学基础理论研讨会论文,重庆,2007 年 11 月。

荀昌荣:《论图书馆学档案学专业人才培养整合模式》,《中国图书馆学报》2001 年第 1 期。

闫慧、张钰浩、张鑫灿等:《iSchools 联盟数据科学教育项目现状调查》,《情报资料工作》2018 年第 4 期。

闫慧:《中国大陆图书馆学教育中职业性缺失的环境分析》,《图书与情报》2006 年第 4 期。

阳光高考：专业知识库，2018 年 5 月 20 日（https：//gaokao. chsi.
　　com. cn/zyk/zybk/）。

杨帆、肖希明：《从资源网络到知识网络——Web 2.0 泛在知识环境
　　下数字信息服务基础建构》，《图书情报工作》2007 年第 8 期。

杨文祥：《21 世纪图书馆事业与图书馆学研究的几个问题》，《中国图
　　书馆学报》2001 年第 1 期。

叶继元、陈超美：《坚守与拓展：中美图书馆学情报学教育科学定位
　　的思考》，《中国图书馆学报》2007 年第 2 期。

叶继元：　《图书情报与档案管理学科未来五年重点研究领域与选
　　题——〈高校哲学社会科学管理学部图书情报与档案管理学科战略
　　规划研究报告〉解读》，《中国图书馆学报》2012 年第 1 期。

叶继元：《iSchools 与学科整合》，《图书情报工作》2007 年第 4 期。

叶鹰：《国际学术评价指标研究现状及发展综述》，《情报学报》2014
　　年第 2 期。

佚名：《2017 全国档案学会秘书长会议在北京召开》，《中国档案报》
　　2017 年 4 月 3 日第 1 版。

于良芝、梁思晨：《iSchool 的迷思：对 iSchool 运动有关 LIS、iField 及
　　其关系的认知的反思》，《中国图书馆学报》2017 年第 4 期。

于良芝：《图书馆学教育呼唤战略思维》，《图书与情报》2006 年第
　　4 期。

于鸣镝、初景利：《试评图书馆学系更名》，《图书情报工作》1998 年
　　第 7 期。

于鸣镝：《中国图书馆学的学科地位何以低下?》，《图书馆杂志》
　　2003 年第 11 期。

曾建勋、常春：《网络时代叙词表的编制与应用》，《图书情报工作》

2009 年第 8 期。

曾建勋、常春、吴雯娜等：《网络环境下新型〈汉语主题词表〉的构建》，《中国图书馆学报》2011 年第 4 期。

曾民族：《面向电子信息资源的信息服务业及其技术发展动向》，《情报学报》1996 年第 1 期。

张金柱：《情报学的学科结构及其演化分析》，《情报资料工作》2011 年第 3 期。

张力、唐健辉、刘永涛等：《中外图书情报学研究方法量化比较》，《中国图书馆学报》2012 年第 2 期。

张维迎：《大学的逻辑》，北京大学出版社 2012 年版。

张维迎：《市场的逻辑》，上海人民出版社 2012 年版。

张晓林：《超越图书馆：寻求变革的方向——第 77 届国际图联大会观感》，《图书情报工作》2011 年第 2 期。

张晓林：《颠覆数字图书馆的大趋势》，《中国图书馆学报》2011 年第 5 期。

张晓林：《关于信息管理学及其教育的思考》，《情报理论与实践》1995 年第 2 期。

张晓林：《数字图书馆机制的范式演变及其挑战》，《中国图书馆学报》2001 年第 6 期。

张晓林：《现代信息环境对图书情报工作的启示》，《四川图书馆学报》1995 年第 4 期。

张晓林：《应该转变图书馆研究的方向》，《图书馆学通讯》1985 年第 3 期。

张晓林：《与时俱进，让学科之树常青》，《图书情报工作》2003 年第 3 期。

张晓林：《重新认识知识过程和知识服务》，《图书情报工作》2009 年第 1 期。

张晓林：《走向知识服务——寻找新世纪图书情报工作的增长点》，《中国图书馆学报》2000 年第 5 期。

张艺蔓、李秀霞、韩牧哲：《基于引文耦合的情报学学科结构时序分析》，《情报杂志》2015 年第 3 期。

章燕华、叶鹰：《关于图书馆学和档案学理论分歧与融通的对话》，《中国图书馆学报》2010 年第 4 期。

赵星、谭旻、余小萍等：《我国文科领域知识扩散之引文网络探析》，《中国图书馆学报》2012 年第 5 期。

中国互联网络信息中心：《第 31 次中国互联网络发展状况统计报告》（2013 年 1 月 15 日），2013 年 4 月 17 日（http：//www. cnnic. cn/hlwfzyj/hlwxzbg/hlwtjbg/201403/t20140305_ 46239. htm）。

中国科学技术情报学会、中国社会科学情报学会：《情报学与情报工作发展南京共识》，《图书情报知识》2017 年第 6 期。

中国图书馆学会、国家图书馆编：《中国图书馆年鉴 2014》，国家图书馆出版社 2015 年版。

中华人民共和国教育部：《普通高等学校本科专业目录（1998）》，2014 年 5 月 30 日（http：//www. moe. gov. cn/publicfiles/business/htmlfiles/moe/s3882/201010/xxgk_ 109699. html）。

中华人民共和国教育部：《全国高等学校名单》（2017 年 6 月 14 日），2018 年 5 月 20 日（http：//www. moe. gov. cn/srcsite/A03/moe_634/201706/t20170614_ 306900. html）。

周枫：《论档案学本科毕业生的就业核心竞争力》，《档案与建设》2012 年第 10 期。

周九常:《风云初定,问题尚存——2010 年教育部高等学校图书馆学教指委第四次工作会议纪要及专业随想》,《图书馆理论与实践》2011 年第 10 期。

周九常:《2011 年教育部高等学校图书馆学教学指导委员会第五次工作会议暨专业主任联席会议述评》,《图书馆工作与研究》2012 年第 10 期。

周晓英、董伟、朱小梅等:《图书馆学情报学高影响力论文特征及所反映的学科差异分析》,《中国图书馆学报》2012 年第 4 期。

Ai Y., Feather J., "Education for Information Professionals in the UK", *International Information & Library Review*, Vol. 39, No. 3, December 2007.

Barney J., "Firm Resources and Sustained Competitive Advantage", *Journal of Management*, Vol. 17, No. 1, March 1991.

Birger Hjørland, "Theory and Metatheory of Information Science: A New Interpretation", *Journal of Documentation*, Vol. 54, No. 5, December 1998.

Blaise Cronin, "The Waxing and Waning of a Field: Reflections on Information Studies Education", *Information Research*, Vol. 17, No. 3, September 2012.

Bruce Alberts, "Impact Factor distortions", *Science*, Vol. 340, No. 6134, May 2013.

Cassidy R. Sugimoto, Daifeng Li, Terrell G. Russell, "The Shifting Sands of Disciplinary Development: Analyzing North American Library and Information Science Dissertations Using Latent Dirichlet Allocation", *Journal of the American Society for Information Science and Technology*,

Vol. 62, No. 1, January 2011.

Chaomei Chen, "Predictive Effects of Structural Variation on Citation Counts", *Journal of the American Society for Information Science and Technology*, Vol. 63, No. 3, March 2012.

Christian Schloegl, Wolfgang Petschnig, "Library and Information Science Journals: An Editor Survey", *Library Collections, Acquisitions & Technical Services*, Vol. 29, No. 1, 2006.

Craig Finlay, Chaoqun Ni, et al., "Publish or Practice? An Examination of Librarian's Contributions to Research", *Libraries and the Academy*, Vol. 13, No. 4, October 2013.

Daniel E. Atkins, Kelvin K. Droegemeier, Stuart I. Feldman, et al., "Revolutionizing Science and Engineering Through Cyberinfrastructure", *National Science Foundation*, Vol. 20, No. 2, January 2003.

David Popenoe, *Sociology*, New York: Pearson Education, Inc., 2000.

Davidvan Dijk, Ohad Manor, Lucas B. Carey, "Publication Metrics and Success on the Academic Job Market", *Current Biology*, Vol. 24, No. 11, June 2014.

Donald T. Hawkins, Signe E. Larson, Bari Q. Caton, "Information Science Abstracts: Tracking the Literature of Information Science. Part 2: A New Taxonomy for Information Science", *Journal of the American Society for Information Science and Technology*, Vol. 54, No. 8, June 2003.

Dwight Waldo, "Scope of the Theory of Public Administration", *Theory and Practice of Public Administration*, Phila Delphia: American Academy of Political and Social Science, 1968.

Erjia Yan, "Research Dynamics, Impact, and Dissemination: A Topic-level Analysis", *Journal of The Association for Information Science and Technology*, Vol. 66, No. 11, November 2015.

Erjia Yan, "Research Dynamics: Measuring the Continuity and Popularity of Research Topics", *Journal of Informetrics*, Vol. 8, No. 1, January 2014.

Eugene Garfield, *Citation Indexing: Its Theory and Application in Science, Technology and Humanities*, Philadelphia: ISI Press, 1983.

Eugene Garfield, "Citation Analysis as a Tool in Journal Evaluation", *Science*, Vol. 178, No. 4060, November 1972.

Eugene Garfield, "Citation Indexes for Science: A New Dimension in Documentation Through Association of Ideas", *Science*, Vol. 122, No. 3159, July 1955.

Eugene Garfield, "The History and Meaning of the Journal Impact Factor", *Journal of the American Medical Association*, Vol. 295, No. 1, January 2006.

E. Hirsch, "An Index to Quantify an Individual's Scientific Research Output", *Proceedings of the National Academy of Sciences of the United States of America*, Vol. 102, No. 46, November 2005.

Finlay C. S., Sugimoto C. R., Li D., et al., "LIS Dissertation Titles and Abstracts (1930 – 2009): Where Have All the Library Gone?", *Library Quarterly Information Community Policy*, Vol. 82, No. 1, January 2012.

Fred Y. Ye, Lutz Bornmann, "Smart Girls Versus Sleeping Beauties in the Sciences: The Identification of Instant and Delayed Recognition by Using the Citation Angle", *Journal of the Association for Information Science & Technology*, Vol. 69, No. 3, March 2018.

Fredrik Aström, "Changes in the LIS Research Front: Time-sliced Cocitation Analyses of LIS Journal Articles, 1990 – 2004", *Journal of the American Society for Information Science and Technology*, Vol. 58, No. 7, May 2007.

Gabriel Pinski, Francis Narin, "Citation Influence for Journal Aggregates of Scientific Publications: Theory, with Application to the Literature of Physics", *Information Processing & Management*, Vol. 12, No. 5, 1976.

Gjalt-Jorn Ygram Peters, "Why not to Use the Journal Impact Factor as a Criterion for the Selection of Junior Researchers: A Comment on Bornmann and Williams (2017)", *Journal of Informetrics*, Vol. 11, No. 3, August 2017.

Golub K., Hansson J., Selden L., "Cult of the I: Organizational Symbolism and Curricula in Three Scandinavian iSchools with Comparisons to Three American", *Journal of Documentation*, Vol. 73, No. 1, January 2017.

Heting Chu, Qing Ke, "Research Methods: What's in the Name?", *Library & Information Science Research*, Vol. 39, No. 4, October 2017.

Heting Chu, "Research Methods in Library and Information Science: A Content Analysis", *Library & Information Science Research*, Vol. 37, No. 1, January 2015.

Howard D. White, Katherine W. McCain, "Visualizing a Discipline: An Author Co-citation Analysis of Information Science, 1972 – 1995",

Journal of the American Society for Information Science, Vol. 49, No. 4, April 1998.

Johan Bollen, Marko A. Rodriquez, Herbert Van de Sompel, "Journal Status", *Scientometrics*, Vol. 69, No. 3, December 2006.

John Feather, "LIS Research in the United Kingdom: Reflections and Prospects", *Journal of Librarianship and Information Science*, Vol. 41, No. 3, August 2009.

Kelly Blessinger, Michele Frasier, "Analysis of a Decade in Library Literature: 1994 – 2004", *College & Research Libraries*, Vol. 68, No. 2, March 2007.

Laura Manzari, "Library and Information Science Journal Prestige as Assessed by Library and Information Science Faculty", *The Library Quarterly*, Vol. 83, No. 1, January 2013.

Library M. P. , "IFLA Metropolitan Libraries Survey", 2012 – 5 – 22, http://www. ifla. org/files/assets/metropolitan-libraries/publications/annual-statistics/annual-statistics _ 2010/libraries-in-changing-times – 2010_ 2012 – 05 – 22. pdf.

Lin Zhang, Ronald Rousseau, Gunnar Sivertsen, "Science Deserves to be Judged by its Contents, not by its Wrapping: Revisiting Seglen's Work on Journal Impact and Research Evaluation", *PLOS One*, Vol. 12, No. 3, March 2017.

Loet Leydesdorff, Liwen Vaughan, "Co-occurrence Matrices and Their Applications in Information Science: Extending ACA to the Web Environment", *Journal of the American Society for Information Science and Technology*, Vol. 57, No. 12, October 2006.

Loet Leydesdorff, Lutz Bornmann, Jordan Comins, et al. , "Citations: Indicators of Quality? The Impact Fallacy", *Frontiers in Research Metrics and Analysis*, Vol. 1, No. 1, August 2016.

Ludo Waltman, "A Review of the Literature on Citation Impact Indicators", *Journal of Informetrics*, Vol. 10, No. 2, May 2016.

Lutz Bornmann, Hans-Dieter Daniel, "What do Citation Counts Measure? A Review of Studies on Citing Behavior", *Journal of Documentation*, Vol. 64, No. 1, January 2008.

Lutz Bornmann, Hans-Dieter Daniel, "What do Citation Counts Measure? A Review of Studies on Citing Behavior", *Journal of Documenta-tion*, Vol. 64, No. 1, January 2008.

Lutz Bornmanna, Loet Leydesdorff, "Does Quality and Content Matter for Citedness? A Comparison with Para-textual Factors and Over Time", *Journal of Informetrics*, Vol. 9, No. 3, July 2015.

Lutz Bornmanna, Richard Williams, "Can the Journal Impact Factor be Used as a Criterion for the Selection of Junior Researchers? A Large-scale Empirical Study Based on Researcher ID Data", *Journal of Informetrics*, Vol. 11, No. 3, August 2017.

Metropolitan Public Library, "Libraries in Changing Times: A Global View", 2013 - 4 - 17, http: //www. Ifla. org/publications/metropolitan-libraries-annual-statistical-survey.

Michael Buckland, "What Kind of Science can Information Science be?", *Journal of the American Society for Information Science and Technology*, Vol. 63, No. 1, January 2012.

Michael S. Patterson, Simon Harris, "The Relationship Between

Reviewer's Quality-scores and Number of Citations Forpapers Published in the Journal Physics in Medicine and Biology from 2003 – 2005", *Scientometrics*, Vol. 80, No. 2, August 2009.

Mitchell W. Bede, Mary Reichel, "Publish or Perish: A Dilemma for Academic Librarians?", *College & Research Libraries*, Vol. 60, No. 3, May 1999.

Nancy Van House, Stuart A. Sutton, "The Panda Syndrome: An Ecology of LIS Education", *Journal of Education for Library and Information Science*, Vol. 37, No. 2, Spring 1996.

Natsuo Onodera, Fuyuki Yoshikane, "Factors Affecting Citation Rates of Research Articles", *Journal of the Association for Information Science and Technology*, Vol. 66, No. 4, April 2015.

Nisonger Thomas E. , Davis Charles H. , "The Perception of Library and Information Science Journals by LIS Education Deans and ARL Library Directors: A Replication of the Kohl-Davis Study", *College & Research Libraries*, Vol. 66, No. 4, July 2005.

Olle Persson, "The Intellectual Base and Research Fronts of JASIS 1986 – 1990", *Journal of the American Society for Information Science*, Vol. 45, No. 1, January 1994.

Paul A. Samuelson, William D. Nordhaus, "*Economics*", New York: The McGraw-Hill Company, 2010.

Paula D. Watson, "Production of Scholarly Articles by Academic Librarians and Library School Faculty", *College and Research Libraries*, Vol. 46, No. 4, July 1985.

Per O. Seglen, "The Skewness of Science", *Journal of the American Socie-*

ty for Information Science, Vol. 43, No. 9, October 1992.

Piper P. S. , "HathiTrust and Digital Public Library of America as the Future", 2013 – 4 – 17, http: //www. Infotoday. com/OnlineSearcher/Articles/Features/HathiTrust-and-Digital-Public-Library-of-America-as-the-future – 88089. shtml.

Robert West, Ann McIlwaine, "What do Citation Counts Count for in the Field of Addiction? An Empirical Evaluation of Citation Counts and Their Link with Peer Ratings of Quality ", *Addiction*, Vol. 97, No. 5, May 2002.

Ronald L. Larsen, "*Knowledge Lost in Information: Report of the NSF Workshop on Research Directions for Digital Libraries*", NSF Post Digital Library Futures Workshop, Chatham Massachusetts, June 15 – 17, 2003.

Roy L. , Simons R. N. , "Tradition and Transition: The Journey of an iSchoolDeep in the Heart of Texas", *DESIDOC Journal of Library & Information Technology*, Vol. 37, No. 1, January 2017.

Seglen P. O. , "Why the Impact Factor of Journals Should not be Used for Evaluating Research?", *British Medical Journal*, Vol. 314, No. 7079, February 1997.

Shen H. , Wang D. , Song C. , et al. , "Modeling and Predicting Popularity Dynamics Via Reinforced Poisson Processes", The 28th AAAI International Conference on Artificial Intelligence, Québec City, Canada, July 27 – 31, 2014.

Small H. , "Co-citation in the Scientific Literature: A New Measure of the Relationship between Two Documents", *Journal of the American Society for Information Science*, Vol. 24, No. 4, July 1973.

Stephen Curry, "Let's Move Beyond the Rhetoric: It's Time to Change How We Judge Research", *Nature*, Vol. 554, No. 7691, February 2018.

Tatjana Aparac-Jelusi, Fidelia Ibekwe-SanJuan, et al., "Crossing the Boundaries in Information Science: Perspectives on Interdisciplinarity", *Proceedings of the American Society for Information Science and Technology*, Vol. 50, No. 1, May 2013.

The Library of Congress, "BIBFRAME Model, Vocabulary, Guidelines, Examples, Notes, Analyses", http://www.loc.gov/bibframe/docs/index.html.

Walters W. H., Wilder E. I., "Disciplinary, National, and Departmental Contributions to the Literature of Library and Information Science, 2007 – 2012", *Journal of The Association for Information Science and Technology*, Vol. 67, No. 6, June 2016.

Wiberley Jr. SHurd J., Weller A., "Publication Patterns of U. S. Academic Librarians from 1998 to 2002", *College & Research Libraries*, Vol. 67, No. 3, May 2006.

Wilson C. S., Kennana M. A., Willard P., et al., "Fifty Years of LIS Education in Australia: Academization of LIS Educators in Higher Education Institutions", *Library & Information Science Research*, Vol. 32, No. 4, October 2010.

Wu D., He D., Jiang J., et al., "The State of iSchool: An Analysis of Academic Research and Graduate Education", *Journal of Information Science*, Vol. 38, No. 1, February 2012.

Ying Ding, Blaise Cronin, "Popular and/or Prestigious? Measures of Scholarly Esteem", *Information Processing & Management*, Vol. 47, No. 1, January 2011.

Ying Ding, Guo Zhang, Tamy Chambers, et al., "Content-based Citation Analysis: The Next Generation of Citation Analysis", *Journal of The Association for Information Science and Technology*, Vol. 65, No. 9, September 2014.

Yuh-Shan Ho, Michael Kahn, "A Bibliometric Study of Highly Cited Reviews in the Science Citation Index Expanded", *Journal of the Association for Information Science and Technology*, Vol. 65, No. 2, February 2014.

Yunfei Du, "A Review of Structural Equation Modeling and its Use in Library and Information Studies", *Library & Information Science Research*, Vol. 31, No. 4, December 2009.

后　记

本书是在我的学科竞争力和教育变革战略课题的基础上修改而成。

从事这项研究缘于我走上工作岗位后，发现部分院校图书馆学和档案学（简称"图档"，下同）教育存在潜在困难。与基础专业不同，图档作为管理应用专业需要依靠市场需求说话。如果需求不大或者几乎难以吸引生源，在无法享受诸如哲学、历史这类基础专业保护政策的背景下，其发展前景令人担忧。环顾全国高校，图档在现实中是相对冷门的专业，但我的困惑却在于，有关生源不仅在高考中多依靠调剂，而且在第二年专业分流中大多会选择档案学就读。档案学比图书馆学更具竞争优势这一在我看来较为"反常"的现象引起了我的兴趣。更重要的是，我发现不少老牌重点院校同样陷入此类困境。为此，对自身学科加以系统研究对于洞悉上述现象的内在逻辑进而解开有关困惑具有积极作用，同时对于促进相关院校的教育改革具有现实的指导价值。以上这些思考构成了我研究工作的起点。

南京大学信息管理学院叶鹰教授和叶继元教授、华东师范大学侯经川教授和金武刚教授、中南大学文庭孝教授、《情报学报》前主编武夷山总工程师、西北大学刘文瑞教授、我的博导孙坦研究员、硕导詹庆东研究员为本书有关章节做了点评沟通，谨向以上专家致以诚挚的谢意。我要特别感谢期刊匿名审稿人和编辑部老师的指导，是他们对学科的深刻洞见鞭策着我不断走向深入。与师友王传清、李晓辉、周文光、高耀、周文杰、刘启华、吴玉锋、刘宇、肖鹏、伍勇等博士的交流提升了我的工作质量。研究生何晓东、本科生邱智燕等同学在样本获取和后期排版方面提供了辅助。中国社会科学出版社责任编辑马明同志严谨高效的工作使得本书能够顺利出版。向以上师友的大力支持表示感谢，向支撑我思考的所有参考文献作者表达由衷的敬意！

感谢唐仲英基金会和西北大学对我工作和成长的支持，能够入选西北大学仲英青年学者计划使我诚惶诚恐，唯有自己加快成长并取得更大进步才能配得上这份沉甸甸的荣誉和责任。令人悲痛的是，唐氏基金会创始人唐仲英先生在本书即将交稿之际永远离开了我们，唐先生闯荡美国艰苦创业、热衷公益泽被后人的崇高风范令人景仰，请允许我在此表达对他老人家的哀思和感激之情！

感谢西北大学公共管理学院曹蓉院长、雷晓康副院长和杨九龙副院长对我在科研和教学工作方面的支持，黄新荣主任、崔旭副主任两位系领导始终支持我让我安心科研，学院各级领导营造的相对宽松的工作氛围为本书提供了优良的研究环境。我要特别感谢我的母校以及促进我成长的老师们，是他们引领我进入信息管理这一科学殿堂并激励我对相关研究工作充满热爱。

最后，我要把感谢送给我的家人。我的岳母和妻子帮我承担了大部分家务，使得我有更多精力专注于研究工作，我的岳父在我投稿失利时鼓励我不要急躁，没有我父母的养育之恩不可能有我的成长。感谢他们无私的爱！

　　本书是一项源自实践的研究成果，其目的在于阐明政策含义背后的理论依据，揭示教育可持续发展的内在规律。为了达到这一目标，我在研究视角、理论模型、论证逻辑等方面进行了不懈的探索并试图做出不同于传统研究的创新。这一过程所带来的挑战既有理论等智力层面的，也包含精神层面的：与大多数研究者隶属第三方不同，本书致力于对自身研究并将政策建议指向改革本身——我的心情犹如一位外科医生给自己的母亲做手术一样，在面临可能的争议时唯恐自身学艺不精对其造成了伤害乃至永久的遗憾。为此，我对本书倾注了满腔热忱，同时基于科学的严肃性又不得不挣脱情感和现实的羁绊，努力从第三方的角度来审视自我，主动向社会学、教育学和公共管理的有关师友请教和讨论。尽管本书源自图情档教育实践，但放在政策视角下看，教育改革隶属于公共政策范畴，公共政策的本质是社会利益的集中反映——由于改革实践涉及多元利益博弈，推进改革政策落地是一项颇有意义却又异常艰难的工作。就此而言，本书的研究对于复杂的公共政策实践来说远远不够。

　　虽然我尽了最大努力，但由于学识积累浅薄，本书一定还存在不少纰漏乃至错误，欢迎业内专家和广大读者不吝指正。我的电子邮箱：taoj@ nwu. edu. cn。

陶　俊

2018 年 10 月 20 日